Verliebt in mein Leben

AF284014

Gabriele Gran

Verliebt in mein Leben

Ein Buch über die Liebe zu allen Mitmenschen
und den Mitgeschöpfen in der Natur,
gespeist aus dem JA zu sich selbst und zu Gott.

Bibliografische Information der Deutschen Nationalbiliothek:
Die Deutsche Nationalbibliothek verzeichnet diese Publikation
in der Deutschen Nationalbibliografie; detaillierte bibliografi-
sche Daten sind im Internet über dnb.dnb.de abrufbar.

© 2020 Gran, Gabriele, Tönning

Titelfoto: Birger Bahlo

Herstellung und Verlag:

BoD – Books on Demand, Norderstedt

ISBN: 9 783752 644012

Widmung

„Ohne Bahlo keine Bücher"

Gabriele Gran mit Pastor José Gonzalez

Biografisches

Umkehr

Längst bin ich voller Hass auf Gott. Gott lässt mich nicht sterben. Renne und renne. Stehenbleiben kann ich nicht. Wie ein in Gefangenschaft geratenes Tier renne ich von einer Ecke in die andere Ecke. Wenn ich stehenbliebe, bekäme ich keine Luft. Überzeugt bin ich hiervon. Erstickung und Würgegefühle packen mich. Mein Herzdruck wird unerträglich. Diese panikmachende Luftnot macht mir Angst. Bloß nicht anhalten. Weiter! Weiter, immer weiter! Hin und Her! Von einer Ecke in die andere Ecke. Weiter! Weiter! Bloß weiter! Blutblasen an meinen Füßen, nein, die spüre ich schon lange nicht mehr.

Vor einen Zug springe ich am 30.12.1993. Überlebe auch diesen, meinen 4. Suizidversuch. Eingesperrt werde ich in die geschlossene Abteilung einer Psychiatrie. Verwahrt werde ich hier.

Hier renne ich weiter. Mein Groll, mein Hass auf Gott ist unermesslich! Ungewaschen wochenlang. Unerträglich stinkend. Sollte noch einer mit mir sprechen wollen, so müsste er mitrennen. Wie hätte er sich andernfalls mit mir unterhalten können? Ich in der einen Ecke und der andere in der anderen Ecke. Jedoch will ja keiner mehr mit mir reden.

Doch noch gibt es einen! Ausgerechnet diesen beschimpfe ich aufs Übelste. Ich hatte gehört, er sei Pastor. Also ein Diener Gottes.

Gabriele Grans Eltern
Stefan und Mathilde
Jaworsky

Schreie ihn an. Beschimpfe ihn! Mein Vorwurf, wie könne er Gott dienen! Diesem grausamen Gott. Falls es überhaupt einen gäbe. Hass, Groll, Verachtung empfinde ich gegenüber Gott und ihm, seinen Diener. Der Pastor bleibt ganz ruhig stehen. Er rührt sich nicht vom Fleck! Liebevoll schaut er mich an. Es ist Pastor José Gonzalez. Beginnt mir etwas zu erzählen. Von der Liebe Gottes, von seinem Plan für einen Jeden von uns Menschen. Das ist spannend. Neugierig bin ich plötzlich. Will hören, was der da sagt. Bemerke gar nicht, dass ich stehenbleibe. Ganz ruhig. Lausche aufmerksam seinen Worten.

Mir ist plötzlich so kuschelig warm. Wie ein Kind, das sich an seinen Vater kuschelt. Pastor Gonzalez möchte mit mir zusammen beten. Wir gehen in einen Raum. Er setzt sich. Setzen möge auch ich mich. Nein, auf keinen Fall. Sicher werde ich dann ersticken. Setze mich zaghaft. Nach vier Jahren rennen, das erste Mal ruhig sitzen. Pastor Gonzalez betet. An keines seiner Worte erinnere ich mich.

Meine Vision jedoch, diese bleibt mir für immer in Erinnerung: Eine kleine Schule werde ich gründen. Meine Sprachbegabung, meine Gabe Gottes weitergeben. Deutsch, Englisch, Französisch und Spanisch unterrichten auf der Basis der Nächstenliebe.

„Wenn ich einen einzigen Menschen davor rette das zu tun, was ich vier Mal tat, hätte sich mein Leiden gelohnt: Eiderstedt School Tönning

Mein Besuch bei Prinz Mashhour

Prinz Mashhour, der Lieb= lingssohn Ibn Sauds fährt jedes Jahr nach Wildbad. In diesem Jahr hatte ich die Gelegenheit, ihn zu interviewen. Nachdem ich ihn am Vortage photo= graphiert hatte, besuchte ich ihn im Hotel, in dem er während seines Aufent= halts in Wildbad wohnt. Der Empfangschef meldete mich durch ein Telephonge= spräch an. Kurz darauf kam ein europäisch gekleideter Araber auf mich zu und be= grüßte mich. Nachdem er mich nach meinen Wünschen gefragt hatte, führte er mich zu Prinz Mashhour. Zuerst zeigte ich ihm die Photos, auf die er seinen Namen schrieb. Dann stell= te ich ihm Fragen, woraufhin er mir erzählte, daß seine Hobbys Klavierspielen, Kaugummikauen und Theaterspielen sind. Am lieb= sten sieht er sich amerikanische Kriminalfilme an. Als ich ihn fragte, welches Volk er am liebsten mag, meine er, die Amerikaner. Obwohl Prinz Mashhour erst sieben Jahre alt ist, spricht er per= fekt englisch und arabisch. Zu seinem Gefolge gehören ein Leib= wächter, ein Dolmetscher, eine Erzieherin und ein Minister, die die Verantwortung für ihn haben. Zum Abschluß meines Be= suches schenkte er mir ein Bild, das die ägyptische Königin Nofretete darstellt.

Selam aleikum

Besuch beim siebenjährigen Prinz Mashhour (Saudi-Arabien), anlässlich eines Besuches in Wildbad. Gabriele Gran inter- viewte ihn als Neuntklässlerin der Kaiserin-Auguste-Viktoria- Schule in Celle für die Schülerzeitung

Kindheit

Schon als Kind war ich überzeugt: Im Himmel gibt es keinen Streit.

Mit der Aktion „Heim ins Reich" siedelten meine Eltern um. Mein Vater Stefan Jaworsky war Architekt und Kunstmaler. Meine Mutter Mathilde geb. Watzlaweck war Schneiderin. Noch einen vier Jahre älteren Bruder habe ich. Unsere Eltern hatten mit den Widrigkeiten des Alltags zu kämpfen. Daraus entstanden immer wieder lautstarke Spannungen. Unter diesen litten wir Kinder unvorstellbar.

Meine Kindheitsjahre, also mein erstes Schuljahr, verbrachte ich in Metzingen bei Eldingen. Siehe „Verliebt in Dich" ISBN 9 783752 888058. Meine Mutter litt sehr unter dem Heimweh „nach der alten Heimat."

Häufig war sie krank, stürzte eines Tages die Treppe hinunter, lag monatelang in einem Celler Krankenhaus. Unsere einzigen Verwandten im Dorf, die Familie ihrer Schwester, wohnte nur eine kurze Zeit ebenso in Metzingen. Während der Krankenhausaufenthalte unserer Mutter hatten wir daher keine familiäre Hilfe. Von Zeit zu Zeit besuchte uns eine junge Frau aus der Nachbarschaft. Sie schaute nach uns Kindern.

Mein Vater arbeitete in Celle, wohin er mit der Eisenbahn fuhr. In einem Schweinestall wohnten wir zunächst, später bekamen wir eine Zwei-Zimmer Wohnung mit Dachschräge in einem Einfamilienhaus. In Metzingen wurde ich noch eingeschult.

Ab der 2. Klasse besuchte ich die kath. Volks-
schule Celle. Inzwischen hatte sich mein Vater
beim Celler Wohnungsamt um eine Wohnung in
Celle bemüht. Wir bekamen eine Wohnung in ei-
nem Fachwerkhaus (siehe „Der Umzug" in „Ver-
liebt in Dich".

Die Einheimischen waren die Cellenser, wir, die „Hinzugekommenen". Wer zu welcher Gruppe gehörte sah man an unserer Kleidung. Während wir Celler selbstgestrickte und selbstgenähte, oft „kratzige" Kleidung trugen, liefen die Cellenser schon damals in Markenklamotten herum. Außerdem aßen die Cellenser Äpfel oder Apfelsinen in der Pause, ich dagegen biss mit Genuss in eine Paprika.

Die meisten Kinder waren blond, mit meinem schwarzen Lockenkopf und meiner gelblichen Haut fiel ich daher auf. Es gab ja noch kein Fernsehen, d.h. die Kinder hatten von Multikuli keine Ahnung. Ich genoss es sehr aufzufallen, liebte ich doch schon damals die Bühne.

Als sie sich jedoch vor Lachen bogen beim Anblick meiner roten Halbschuhe wurde ich stinksauer: Diese Schuhe waren allmählich zu klein geworden und drückten. So hatte mein Vater die Spitzen abgeschnitten. Ich behauptete, die Schuhe wären schon immer so gewesen.

Nach der 4. Klasse bestand ich stolz die Aufnahmeprüfung in die Kaiserin-Auguste-Viktoria-Schule. Die schloss ich mit dem Abitur ab. Ich begann ein Pädagogikstudium an der Pädagogischen Hochschule Alfeld.

Ehe

1966 heiratete ich einen Landsmann. Genauer gesagt, ich „musste" heiraten, wie es damals hieß. Verhütung wird/wurde von der katholischen Kirche verboten. Was nun? „Du hättest Dein Studium sowieso nicht geschafft", so begann meine Ehe.

Ich schmiss mein Studium. Unsere Ehe gipfelte in einem Martyrium. Seelisch und finanziell war ich völlig abhängig von meinem Ehemann. In meiner eigenen Wahrnehmung schrumpfte ich stetig tiefer. Schließlich empfand ich mich bedeutungs- und wertlos.

Inzwischen hatten wir zwei gemeinsame Kinder. Voller Minderwertigkeitsgefühle begann ich an der Universität Hildesheim ein zweites Studium. Im Rückblick bin ich mir sicher: Es ist ein Lebensirrtum durch bestandene Examina zu Selbstwertgefühlen zu gelangen! 1995 wurde unsere Ehe nach einem vierjährigen Rechtsstreit gegen meinen Willen geschieden.

Vergeblich tüftelten seine Rechtsanwälte und Berater an einem Scheidungsfolgenvertrag. Dieser zielte darauf ab, ich möge auf meinen Vermögens- und Versorgungausgleich verzichten.

Die Rechnung hatten alle Beteiligten ohne den Wirt gemacht:

„Der Mensch denkt, aber GOTT lenkt".

Gegenwart

Seit 1997 lebe ich in der kleinen romantischen Seehafenstadt Tönning. Meine Vision wurde Realität: Eiderstedt School Tönning. Deutsch, Englisch, Französisch und Spanisch unterrichte ich mit großer Freude.

Der Weg war steinig, jedoch Gott=Liebe räumte alle Steine aus dem Weg, glättete ihn. Mit Gottes Hilfe habe ich zur Erkenntnis gefunden:

„ Einzig wer Gott vertraut hat wohl gebaut"

Bei Aufenthalten in Tunesien genießt Gabriele Gran die für die arabische Welt typische Gastfreundschaft.

telefonnummer

er ist traurig. der himmel – trägt also trauer,
alle menschen hoffen auf liebe, sind aber sauer.

warum verteilen sie statt küsse nur hiebe,
dann wären sie glücklich, bekämen liebe.

wollen nur macht, schlagen täglich zu,
irren gewalt-ig bekämem nun ihre ruh'.

verformt das gesicht durch lüge und hass,
tun es weiter, wissen doch genau: eben das.

ändern ihr leben nicht, hass drückt runter,
machen immer weiter, und dies ganz munter.

statt sich zu freuen geküsst, geliebt zu werden,
verschieben sie ihre schuld für ihre beschwer-
den.

eifer im negativen sinne ist eine sucht,
irren, sie seien toll, also ne wucht?

letztendlich verschieben sie ihre schwächen
auf die, die sie lieben – wird sich rächen!

eigene fehler zu schieben auf den anderen:
verlorene liebe wird nun weiterwandern...

hass, neid, eifersucht sind die zutaten der suppe
dieser welt,
nun leiden bald alle, was letztendlich niemandem
gefällt.

gibt es noch einen, der hinaushilft aus diesem
schrott?
ich kenne nur einen einzigen, sein name ist GOTT.

warum rufen die menschen nicht Gott an,
bitten ihn um hilfe in ihrem kummer?

Du LÜGST, hast ein smartphone, weißt nicht
GOTTes nummer?

schau' in den spiegel, und dann in dein herz,
hier findest du IHN, fort ist dein schmerz...

feuer

das alter tötet das feuer?
dies ist mir nicht geheuer.

bin in 5jahren 4x2o jahre alt.
in den letzen 20 rode ich den ganzen wald.

reiße alle bäume aus,
baue mit ihnen ein liebeshaus.

lade alle verzweifelten ein,
fange hiernach den sonnenschein ein.

sonne und haus werden verzweifelten hoffnung
bringen,
sie alle werden dem HERRN liebeslieder singen.

singen für dich und mich,
für alle , die weinen:

GOTT verlässt niemals die SEINEN...

haus ohne seele

dieses haus hat keine seele –
als zuhause es nicht wähle.

dieses haus kann nicht gehen.
es kann allein einzig stehen.

dieses haus ist aus steinen.
gehört allein einzig deinen.

dieses haus ist zum sterben.
es gehört einzig deinen erben.

dieses haus ist kalt.
liebe zu brüchig-alt.

dieses haus nicht spricht.
inhalt zuviel gewicht.

dieses haus spielt keine melodie.
der vogel ist tot, kann singen nie.

dieses haus ist mausetot.
weder wasser, noch brot.

dieses haus macht augen nicht zu.
es schlummert nur, hat keine ruh'.

dieses haus ist ein schreck
laufe schnell hiervon weg.

dieses haus ist dunkel, nicht hell.
gehe, laufe, renne ganz schnell.

dieses haus: laufe an das ende der welt,
dorthin, wo es mir am besten gefällt.

dieses haus ich niemals wähle,
dieses haus hat keine seele...

warten

25 stunden, das ist echt gemein!
nun auch noch so schummeln
fall´ doch glatt darauf rein.

küsse zum trost das bild von dir,
das kann auch nicht helfen mir.

dennoch warte ich auf dich
wen hat jemals so geliebt mein Ich...

bei Gott zuhaus

es dämmert und wieder suche ich dich
stark wollt ich sein doch nun fürchte ich mich
wie gern würde ich in deinen armen liegen
du würdest mich dann zärtlich wiegen
jedoch meine wirklichkeit sieht anders aus
und wieder bin ich allein im haus
eines tages wird alles anders sein
Gott sagt dann
komm zu mir, bist nie mehr allein.

frühstück

was ich gestern hab geschrieben
auf meinem tisch ist liegengeblieben
lese es an diesem morgen
fort fliegen all meine sorgen
esse zum frühstück mein reisebrot
fort ist alles schlechte meine not
trinke erstmal pickwicktee
wer brachte ihn mir
war es eine fee
sie war es die bereitete mir lecker frühstück
ja was habe ich für ein glück
danke Gott für essen und trinken
du siehst mich nun mein danke
zum himmel winken...

streicheln

kein mensch streichelt mich
nur der wind
er ist so zärtlich
wie eine mutter zum kind
er streichelt nicht nur
er spricht ganz leise
was er sagt ist Gottes weise
ich liebe den wind
bin doch Gottes kind
muss nicht traurig sein
bin niemals allein
bin Gottes kind
mich streichelt sein wind.

der himmel in dir

glaub es mir
der himmel ist in dir
vergeblich wirst du ihn woanders suchen
kannst ihn auch nicht online buchen
suchst ihn vergeblich auf irdischem weg
du wirst fühlen schmal ist der steg
links und rechts ängstigt dich abgrund
stürzt nicht hinunter Gott hält dich gesund
reich Gott deine hand
ER führt dich sicher ins friedensland
dort ist der himmel der frieden in dir
glaub es mir.

liebe

gute werke sind wichtig
sind diese richtig
zeigen deine richtung
bringen dein tun in schwung
über allem steht der glaube
dies zu sagen ich mir erlaube.
der glaube an Gott ist die liebe,
allein diese dich zu allem tun triebe,
diese kraft wünsche ich mir
diese kraft wünsche ich dir
was ich aus liebe tue kann kein fehler sein
Gott ist die liebe- die liebe allein.
Gott ist die liebe allein
lieben kann niemals ein fehler sein.

lohn

ich gehe den weg mit und in frieden,
obwohl ich bin bald von dir geschieden.

gemeinsam gingen wir eine gewisse zeit,
mache mich heute auf eine neue bereit.

nicht planen können wir unser leben,
nicht ständig lächeln, nicht schweben.

wir wissen, der mensch denkt,
es ist aber der Ewige der lenkt.

ich fühle schon seit geraumer zeit,
Gott hält eine neue aufgabe bereit.

eine lösung finden für die menschheit,
gibt mir ein zeichen, bald ist es soweit.

arbeite ich dann an einer neuen aufgabe,
weiß nicht wie viel zeit ich hier noch habe.

so warte ich auf Gottes zeichen in ruhe
und in frieden,
bis ich bin durch Gottes entschluss
von dir geschieden.
ich sehe und auch spüre es dennoch heute schon,
für die vergangenheit gibt mir Gott meinen lohn.

mein leben

meinen weg gehe ich in frieden
bin ich auch von dir geschieden
gemeinsam gingen wir eine gewisse zeit
mache mich nun auf eine neue bereit
nicht genau planen können wir unser leben
nicht dauernd lächeln nicht ständig schweben
wir wissen der mensch denkt
jedoch es ist GOTT der lenkt.

schon seit langer zeit fühle ich GOTT hält ein
neues leben für mich bereit
eine wichtige aufgabe lösen für seine menschheit
GOTT wird mir geben ein zeichen wann ist es so-
weit
arbeite ich nun an einer neuen aufgabe
weiß nicht wie viel zeit ich für diese habe
noch weiß ich nicht genau welche aufgaben er mir
zukünftig sendet
noch weiß ich nicht genau wie sich das blatt mei-
nes lebens wendet
also warte ich ab und dies alles in frieden
bis ich bin durch GOTTES entschlus weltlich von
dir geschieden
dennoch spüre ich heute schon
für mein zurückliegendes leben (leiden) gibt mir
GOTT seinen lohn

himmlischirdisch

wo immer, sichtbar für andere:
ich allein in der welt
irren diese menschen,
dies mir gefällt.
nicht allein fühle ich mich,
fühle Gott – nun auch dich.
freue mich.

vergessen
in deinen armen kann ich alles böse vergessen.
niemals habe ich so eine gewissheit besessen.
meine gedanken fühle ich nach dem erwachen:
Mit GOTT als partner große pläne zu machen.

vergessen?
in deinen armen könnte ich alles böse vergessen ?
niemals im leben hätte ich diese gewissheit be-
sessen?
was hieße gewissheit? vergessen sei einzig ein
traum?
bliebe dieser für immer nichts, gar nichts als
schaum?
diese gedanken kommen zu mir nach dem erwa-
chen.
mit GOTT dürfte ich planen, große pläne machen?

überlebenswichtig
...sind einzig eigene, abschließbare räume.
alle anderen wohnarten = verlogene träume.
wohl(-ergehen)dem menschen, der solche besitzt,
dieser sonst angst und wasser bald schwitzt.
wohl dem menschen, eine eigene schlafstatt er
hat,
diese ständig zu teilen, er eines tages hat satt.

himmlischirdisch
fühle mich geliebt.
himmlisch von IHM.
irdisch von dir.
ich + du = wir?
du glaubst mir?

über
lebenswichtig?
...sind einzig eigene, abschließbare räume?
alle anderen wohnarten = verlogene träume?
wohl(-ergehen) dem menschen, der solche be-
sitzt?
dieser sonst angst und wasser auch schwitzt?
wohl dem menschen, eine eigene schlafstatt er
hat?
diese zu teilen, er eines tages hat satt?

...nie wurden sie vertrieben

stets in ihrem zuhause geblieben
hatten stets satt zu essen
niemals waren sie vergessen
spürten nicht alleinsein, auffressende einsamkeit
hatten eine große familie jederzeit
stets in ihrer nähe wohnende kinder
frühling, sommer, herbst,winter.
wir die anderen anders diesen fremd
hatten weder schuh noch hemd
unsere haut eine dunklere farbe
im herzen eine traurige narbe
da standen wir nun
fragten uns was tun

was könnten wir machen aus unserem leben
hörten das klopfen unseres herzens das beben
doch wir wollten leben einfach nur leben
schrien zu GOTT der erhörte unser streben
da stehen wir liegen nicht mehr am boden flach
haben inzwischen ein eigenes zimmer ein dach
darunter wir kochen putzen vieles tun was wollen
wir noch da fällt mir etwas noch ein nicht verges-
sen das vergangene joch

denen die da flüchten zu uns öffnen unsere tür
komm herein du fremder bist doch niemals fremd
mir.

nachhause

endlich ich muss wieder nachhause hier wirds mir
zu eng
die leute hier lächeln so selten sie schauen so
sehr streng
fühle ich mich hier versorgt jemand dem man et-
was borgt
in tunesien fühle ich mich geliebt ob es wirklich
liebe gibt
hier einer spricht meinen namen überhaupt nicht
gern aus
schleppt immer nur essen und auch trinken in
mein haus
jedoch der mensch also auch ich lebt nicht von
brot allein
liebe lob dank anerkennung brauch ich und son-
nenschein
zähle die tage nächte und auch stunden täglich
stündlich
teile mit meine gedanken auf papier und auch
mündlich
abflugtag zähl ich minuten nur schaue ständig auf
die uhr
am 12. januar des jahres wird es dann endlich
sein soweit
tunis air wartet auf meine seele am aiport ham-
burg bereit
so lasse ich sturheit kälte und auch kühle sehr
gern zurück
kenne dort keinen empfinde dennoch wärme liebe
glück...

unserbuch

auchimschlafbinichnichtallein
legunserbuchinmeinbetthinein

küssedasfotodasdichzeigt
meineseelenachtsnichtalleinebleibt

legzärtlichmeinehandhierauf
schlummereeinwacheglücklichauf

lächleschonamfrühenmorgen
empfindenichtdietäglichsorgen

fühlmichleichtundfröhlichmunter
hüpfefrischvondermatratzehinunter

freuemichwiedereintagweniger
bisdukommstzumir
liebedichsagesimmerwiederdir

du

du wolltest immer zu mir gut sein
doch es war nur falsches spiel- schein
du dich in unschuld wiegst
öffnest deinen mund schon lügst
betrügst
dich in arroganz wiegst
fehler auf andere schiebst
deine schuld nicht erkennen
deine fehler sich bei dir einbrennen
kannst nicht von ihnen wegrennen
kannst dich nicht verstecken
wirst daran verrecken

auffressen

meine gedanken an dich fressen mich heute noch
auf,
hab das elende gefühl, geh heute noch drauf.
diese verdammte luftnot nach dir
erzeugen würgegefühle in mir.
wie lange muss ich das noch aushalten?
der liebesteufel scheint mich heute zu verwalten.
ich spüre, ich verliere mich total,
mein Gott erhörst du mich nicht, erkennst nicht
meine qual?
ich werd noch irre, vielleicht bin ich es schon lan-
ge,
ich zittre vor angst, jawohl mir ist angst und auch
bange.
wie gemein von dir , du mir gibst kein lebenszei-
chen von dir,
das zahl ich dir eines tages zurück, du schuft,
glaub es heute schon mir.
eines tages wirst du, wenn auch nicht mit mir, sit-
zen in der liebesfalle.
das schicksal schlägt immer zurück, wirst fest-
sitzen gehalten von einer schmerzhaften kralle.
wie auch immer, freu mich heute schon hierauf,
verächtlich grinsend im geiste zuprosten werd
ich dir dann auch.

macken

natürlich, ein jeder hat so seine macken.
gehören sie zu diesen, meine heutigen panik-
attacken?
ich hasse sie, schnüren ab mir die luft,
ich glaub, ich ersticke, könnte nie mehr schnup-
pern deinen rasierwasserduft.

warum bist du nicht bei mir, ich gehe kaputt, so
sehr sehn ich mich nach dir.
fühle in manchen sekunden, bluten alle meine see-
lischen wunden.
in diesen augenblicken mein herz sollte eigentlich
ruhn,
erschlägt es mich heut , was könnte ich dagegen
nur tun?
in manchen augenblicken halte ich es kaum noch
aus,
warum bist du so weit fort von mir, nicht mit mir
in einem gemeinsamen haus.

nun, fühle ich es wieder, bin mir ganz sicher, ich
werde ersticken,
mit letzter kraft kann ich noch atmen, würdest
du mich doch jetzt zärtlich drücken.
manchmal hasse ich diese liebe, anstatt mich zu
küssen, verteilt sie mir hiebe.
wie soll das nur weitergehn mit mir?
bin ich etwa schon abhängig von dir?
stark wollt ich sein, nie mehr den kuschelgang
laufen,
mich niemals mehr mit dieser liebesduselei rau-
fen,
mist, so ein mist, mich hat es heute so richtig er-
wischt,
schlafe hoffentlich bald ein, die kerze erlischt...

duselbst

menschen sind keine gegenstände,
ein jeder besitzt einen kopf, 1 herz und 2 hände.

wer behauptet, ein mensch könne dem anderen einen menschen wegnehmen,
– dieser sündigt, sollte sich schämen!!!

denn jeder mensch gehört einzig Gott und sich.

das ist ja das besondere an uns menschen, ein jeder darf , ja muss sich SELBST ent-scheiden:
wollen wir in begleitung eines anderen glücklich sein oder aus selbstmitleid ja bequemlichkeit weiterleiden.

Gott stets will, wir, seine kinder fröhlich leben, schließlich ist er es allein , der hat uns diese erdenzeit gegeben.

niemand und nichts soll macht über einen anderen menschen gewinnen.
geschähe dies, würde dessen ICH, dessen lebensglück zerrinnen.
nicht der eine den anderen zwinge, was er selbst beginne.
nein!!!
ein jeder singt seine eigene melodie, lass dich von niemandem zwingen seine zu singen, NIE!!!

wie oft jedoch belügst du dich in deiner selbstgeschaffenen unglücklichen situation,
du habest alles versucht zu ent-scheiden, mehrere male schon.
hör mir gut zu, hier wieder du dich belügst, du wieder dich betrügst.

jede deiner entscheidungen bedarf schwung, kraft und DEINEN ent-Schluss.

du musst nichts hinehmen, das dir bringt nur ver-
druss.
du zweifelst an dir, lügst schon wieder, du hät-
test nicht genug kraft.
dir ist durchaus bewusst, dass dich verdruss im-
mer wieder krankmacht.
bequem, also faul sein, bedeutet auch faulen,stin-
ken,niedergedrückt von depressionen:
steh endlich du auf, such ein plätzchen für dich
ganz allein, an dem du kannst in frieden wohnen.

willst du die welt verändern, dann hör auf, in ge-
wohntem untätig herumzuschlendern.
tritt auf mit festem fuß, fass DU den ent-schluss
dich selbst, deine situation zu verändern.
zu hilfe ruf an deinen Herrn, er ist dein schöpfer
hat dich bedingungslos so sehr gern.

wirst du jedoch weiterhin untätig bleiben, dich
vor anderen bücken,
nichts aber auch gar nichts wird dir in zukunft
glücken.
ja noch schlimmer , wirst dich auch noch aus
angst vor der qual verneigen,
wirst auch noch deinen lebensrest vergeigen.
ja noch grauenhafter: wirst du nichts ändern,
weiter unsicher bangen,
werden sie dich bald auffressen, diese falschen
giftigen schlangen...

psalm 139:16

dein buch
alle meine tage waren in dein buch geschrieben
welche sind von ihnen übriggeblieben
welche waren für mich schmerzlich
welche schön?
an welchen war ich blind
seit wann kann ich sehn
schön sind alle seit ich dich sehe
leichten fußes ich nun gehe
nicht nur gehen sondern auch schweben
habe ein wunderbares leben

note journal le 10.09.2018

depuis je connais l'amour de ma vie
je ne me sens pas seulement comme une
être féminine mais comme une femme

fort

verloren schlendert sie durch die gassen
fühlt sich hier verloren fast verlassen
wird laufend auf unser buch angesprochen
schämt sich hätt sich ins mauseloch verkrochen
somit beherrscht mehr und mehr von ihrer wut
dies tut ihr überhaupt nicht gut
empfindet häme in meiner widmung erwähnt zu
werden
sie sich schäme falls dies ginge verschwände von
der erden
wütend fängt sie an sich hiergegen aufzubäumen
vor wut zu schäumen

tritt ein in meine villa kunterbunt und
brüllt hier herum motzt und beleidigt mich
bleibe ganz ruhig was kümmerts mich
hier hör ich an das unrecht sie mir tut
bleibe ganz friedlich bekomm niemals wut
irgendwann sie mit dem geschrei am ende ist
weißt du überhaupt noch wer du bist
dein toter mann der ist nicht tot er lebt
sie immer mehr vor wut sie bebt
er hört genau was du hier lügst
er hört dass du dich selbst betrügst
sie erinnert sich nur nicht
sie früher zu mir ganz anders spricht
sie lächelt plötzlich wie je zuvor so süß
ja ich erlaub mir von ihm ich sie grüß.
sie ist meine liebe nachbarin
doch nur für einen einzgen augenblick
nach diesem kehrt ihre wut zu ihr zurück

als sie nun endlich fertig mit dem geschrei
mir ihr gebrüll wird einerlei
freundschaft meine gute hier sag ich vielleicht
noch ja
meine liebe für dich ist unendlich weit fort
weder hier noch an unbekanntem ort

seelig

dein körper, deine seele sind müde, wollen nur
noch ruhn.
arbeitest dagegen, wächst zu deinem größten
feind, dein eigenes tun.
rennst von arzt zu arzt, protestierst gegen die
gewünschte ruhe.
der arzt kann dir nicht helfen, trägt nicht deines
körpers schuhe!

er verordnet dir eine portion chemie oder sonst
einen dreck,
davon wird man nicht wieder gesund fütterst ein-
zig SEINEN speck.
verordnete medizin verdünnt dein blut, ein feind
der natur, tut dir nicht gut!

ach ja, nun fällt er mir wieder ein, dieser promo-
vierte, der sich in den arzneien irrte.
dieser, der dir versprach, würdest du arznei x
nehmen anstatt y könntest dein leben verlängern,
so ein scheisskerl, der lügt, wär ja so, als könnte
ein mann einen anderen mann schwängern.

er macht dies nur,
weil er den hippokrates eid schwur?
da lach ich mich fast kaputt,
der quatscht doch nur schutt.
es gibt situationen, da kann und muss der arzt
helfen,
doch in deinem fall ist es so als glaubte man, es
gäbe wirklich elfen.

du irrst deine lebenszeit und auch qualität würde
nun wieder steigen,
schluckst DU dieses teufelszeug, wirst DU deine
restliche zeit vergeigen.

du zitterst, schwankst, kannst kaum noch gehen.
kriegst kaum noch luft, bleibst wo du nicht willst,
stehen.
glaubst du denn wirklich GOTT ließe sich betrü-
gen?
tätest du dies, würdest du verdammt noch mal lü-
gen!

wetten dass?

wetten?
ohne patientenverfügung
würde man mich retten
käm inne intensivstation
dies weiß ich lange schon
hier nun verbiete ich es allen
werd mich nicht ans leben krallen
habe überhaupt keinen bock
weiterleben nach nem schock
herren ärzte und auch damen
intensiv dann stottern lahmen
nur ums verrecken leben wolle
nicht mit mir bin schon ne olle
nein auf keinen fall mit mir
meine verfügung auf papier
schriftlich hab ich so entschieden
freut euch schon erbe geblieben
will sterben es ist GOTTes wille
niemals mit überlebenspille
wohin soll ich sie nur stecken
falls es so ich würd verrecken
man sie auch ganz sicher fände
nicht erst suchen in 4 wände
heute früh superidee ist da
mene patientenverfügung klemmt im BH !!!

sehnsucht:

ein bissiges, ja lebensgefährliches tier.
heute nacht, 2.21 uhr, frage ich mich:" warum
steht es schon wieder vor mir?"
dringt nächtlich ein
in mein schlafkämmerlein.
wie kann ich es besiegen, das tier ist so riesig
und ich doch so klein.
habe keine haustiere außer ein paar spinnen, in-
sekten...
auf die bin ich nur sauer, wenn sie mich stechen,
dadurch mich weckten.
aber dieses widerliche ungeheuer, schleicht sich
immer wieder in meine nähe, wie ein hund -s-ge-
mein-er dieb.
und dies nur weil ich habe dich so sehr lieb.
obwohl unsichtbar höre ich es bellen, keifen
drückt mich fast in eine ecke.
doch ich bin viel stärker, kämpfe mit allen mitteln
dagegen, und wenn ich verrecke.
doch ich werde nicht verrecken, hier bin ich mir
ganz sicher, ich werde gewinnen,
GOTTes plänen kann niemand entrinnen.

keinplatz

so gib deine päckchen sofort ab
nimm sie nicht mit in dein grab!

in ihnen eingepackt ist schmerz
er drückt zerquetscht dein herz

trägst ihn von ecke zu ecke rum
töricht blöd von dir sooo dumm

gib dir doch endlich einen ruck
beeil dich hopp hopp ruckzuck

stell dich doch bloß nicht so an
bist du memme oder mann???

gib deine päckchen endlich ab
dortistkeinplatzindeinemgrab.

lebensliebe am 2. weihnachtag 2018

unsichtbar ist sie und doch realität, also wirklich-
keit.
ich spreche, schreibe von der liebe und von der
zeit.
wir waren es stets und sind miteinander in einig-
keit:
man könne beide nicht messen, unsere liebe –
zeit...

ja, nicht nur unsichtbar sondern auch nicht hör-
bar,
so sie ist, und sie auch stets war.
wie sie aussieht, was sie zu uns spricht,
nein, akkustisch laut oder leise, auch dies ist sie
nicht.

wenn ich sie also nicht sehen und auch nicht hö-
ren kann,
warum ist sie das wichtigste auf GOTTes erde,
frag ich frau und auch mann.
die antwort ganz einfach: weil man sie mit jedem
atemzug fühlen kann.
ohne zu atmen müssen wir sterben,
können nicht länger verweilen auf GOTTes erden.

nun ist es ein vierteljahrhundert her,
ich irrte, müsste sterben, könnte nicht atmen,
wüsst nicht wer ich wär.
dachte: heute gehe ich an einen sicheren sterbe-
ort,
werfe mich unter einen zug, wär dann für ewig
fort.

der mensch denkt, doch es ist GOTT, der uns
lenkt.
er hielt schützend seine Hand über mich.

er hat geführt zusammen dich und mich.
du bist nicht meine, sondern die liebe meines
lebens,
bei-nahe gab ich auf, suchte überall vergebens.

endlich nach so sehr langer zeit,
fühle ich: es ist mein leben, das mich liebt, so
GOTT will bis in alle ewigkeit...

trost

den lieben langen tag habe ich heute so gelitten
unsere seelen haben wieder gefühlt gestritten
meine die plagte und meine die klagte warum
die deine immer wieder fortgeht nicht bleibt
ihr wenigstens einen kleinen trostbrief schreibt

hl. abend 2018

mann ist der scheen:
frieher, die blagen hier waren, der mann noch
lebte,
die ganze family vor wut laut brüllend nur so
bebte.
vonne ganze arbeit die füße ich mir wunt rennte.
2018 ich selig den abendt vorn fernseher ver-
pennte.
träumte wunderschön,
würde mit nem liebhaber am strand spazieren-
gehn.
dieser küsst mich zärtlich mal uff de eene,
dann uff de andere falte ,
ich, immer noch scheen, aber dennoch ne alte,
ach,wie genieße ich das.
frag nich so bleed:" was? „
noch einmal ohne kricken spazierengehn,
ohne rohlata die welt ansehn.
träume weiter, wolle von hier niemals fort,
wache auf, hab vergessen:
ich war wo? an welchem ort?

ausmüllen

wieviele stunden wirst du noch in fremden müll-
tonnen wühlen

dich von dir selbst ablenken dich selbst nicht
wollen fühlen

in deiner seelentonne liegt noch immer alter
dreck genug

schmeiss den raus bald ist abgefahren dein aller-
letzter zug

dein eigen geschöpfter dreck muss ganz schnell
ganz bald weg

willst du ihn etwa mitnehmen deinen zum himmel
stinkenden dreck

ohne fahrkarte gratis gehst du bald auf deine
letzte reise

willst etwa einpacken in dein lebensköfferchen
deine ganze scheisse

dein dreck ist deines lebens bürde spring selber
rüber über deine hürde

hast es erst einmal geschafft auch wenn mit dei-
ner allerletzten kraft

dann wirst du laufen von alleine ohne krücken

alles was du mit GOTT planst wird dir glücken

wie lange noch soll GOTT auf diese allein dei-
ne entscheidung warten

du willst immer noch nicht

o.k. dann bleibst du noch lange in deinem müllgar-
ten

sei nicht so trotzig loß fang an müll deine seelen-
tonne aus

dann erst wirst du können springen durch dein
haus

nicht immer versuchen auszuleeren die mülltonne
anderer leute

auch in meiner möchtest du von zeit zu zeit wüh-
len
ich bin ja nicht doof du lässt mich das klar fühlen
bleib ganz ruhig meine freundin
ich mache schon selber sauber meine tonne
und dies mit ganz viel freude und auch wonne
merk dir das endlich sonst werd ich langsam aber
sicher sauer
wann geliebte freundin wirst du ENDLICH
schlauer
gut dass GOTT schuf die zeit nicht die eile
ich liebe dich du meine freundin
warte geduldig auf deinen entschluss noch eine
ganze weile.

nivéa 50+

6 uhr früh, eigentlich bin ich noch längst am dö-
sen, dennoch schaffe ich es bereits ein rätsel zu
lösen.

es geht um die antwort auf die frage, warum die
meisten alten frauen so hässlich mir erscheinen,
waren sie doch ganz bestimmt schnuckelig als ju-
gendliche und vor allem als kinder, die süßen klei-
nen.

haben im alter so merkwürdig große, ja klobige
köpfe,
sehen aus wie bratpfannen, manche von ihnen wie
alte töpfe.

anstatt zum friseur zu gehen tragen sie ihre haa-
re unfrisiert, viel zu lang,
hineingebunden ein bändchen, der anblick macht
jedem männlichen wesen angst und bang.

anstatt sich mit ner guten hautcreme zu pflegen,
ihren körper mit morgengymnastik zu hegen,
ziehen sie es vor zu wandern durch die welt zer-
knittert,
am lächeln zu sparen, statt süß, ganz verbittert.

nun hab ich mein rätsel endlich gelöst,
und dies obwohl ich schlaftrunken hab noch ge-
döst.

meine geschlechtsgenossinnen, ihr müsstet viel
mehr lachen,
und dies bitte schön, und bitte sehr schon nach
dem erwachen.

schaut lächelnd in euren größten spiegel hinein,
cremt eure knitterfalten mit nivea 50 + ein,
bald werden diese geglättet, also keine falten
mehr sein.

es dauert nicht lange, seht an eurer seite einen lover liebevoll gehn.

sex uhr sex, es ist noch früh, noch bin ich am dösen,

wau, konnte dennoch eine schwierige aufgabe ganz einfach lösen.

in deiner herzenskammer:

es ist ein jammer,
stapeln sich mehr und mehr geschenke.
nein, nicht für weihnachten, ich denke.
nein, es sind päckchen
gefüllt mit unerledigter geschicht.
eine hat mehr, die andere weniger gewicht.
die tür der kammer, an der ich angeklopft,
die ist ja so sehr vollgestopft.
sie klemmt, dies habe ich sogleich bemerkt.
hab mich also ersteinmal gestärkt.
ziehe mit kraft, nun ist sie offen:
was ich erblickt, macht mich betroffen.
du stehst darinnen mit zittriger hand,
versuchst ein päckchen zu öffnen, oh welche
schand.
kriegst kein einziges päckchen auf!
warum denn nicht, kommt einer drauf?
ich rate dir, so glaube mir:
geh doch einfach nochmal zurück,
komm zur ruh, versuch immer wieder dein glück:
verwandle deine sturheit, deine unerbittlichkeit
in verzeihen, versöhnung, werde endlich du ge-
scheit. musst vergangenheit mit dem schleier der
vergebung umhüllen,
die nun leeren päckchen mit liebe, freude und
zärtlichkeit sich von ganz alleine füllen.
einzig allein so lebst du nun nach GOTTES willen.
nur so kannst du jemals deinen kummer stillen.
all deine päckchen sich nun von selbst rasch lee-
ren, die kleinen, die leichten und auch die schwe-
ren. wie einfach! es ist doch nur ein einzig kleiner
schritt: du gehst nicht allein, GOTT kommt doch
mit!!!

der uhrzeiger

der zeiger deiner uhr schweigt.
doch er lebt, solange er nicht stehenbleibt.
schau hin zu ihm, was will er dir heute sagen?

„es sei schon sehr spät , er bald für immer steht.
er ist müde, möchte endlich ruhn,
nicht mehr die vielen kurzen schritte tun".

beeil dich – bald, sehr bald wird er nur noch stehn,
du, deine asche wird sich bewegen: vom winde verwehn...

schwänzen – ausgrenzen –
motzen – kotzen

manchmal frage ich mich, wäre es nicht einfacher
sein leben zu schwänzen,
der grund ist, immer wieder und überall ver-
sucht man mich auszugrenzen.

wo auch immer ich möchte etwas neues starten,
zwingt man mich auf die zustimmung zu warten.

an jeder ecke höre ich die leute motzen.
ich finde die reaktion dieser zum kotzen.

frage mich, ob ich das erlebte überhaupt weiter-
gebe.
beschreite mit meiner plakatwerbung andere we-
ge??

anstatt dankbar zu sein für die frische kultur,
hör´ am telefon ein schnelles geschnatter nur:

solle plakate nicht kleben an die fensterscheibe.
es sei ihre aufgabe, und diese auch so bleibe!!!

noch immer macht der ton die musik,
verdattert ich ausnahmsweise schwieg.

ich überlege, und das nur zwei tage noch,
ob ich wechsle zur bücherei zu frau koch.

Ein Himmelsbote

Ich weine vor Glück.
ES ist ein Himmelsbote.
Brachte die Liebe meines Lebens zurück.
Niemals hätte ich ES vor einem Vierteljahrhundert können denken.
MEIN Leben würde mir das größte Geschenk eines Tages schenken.
ES ist Gottesliebe, die uns hat für SEIN Projekt zusammengeführt.
Hierfür GOTT aller Dank und alle EHRE gebührt!

ach du liebe weihnachtszeit

weihnachten, oh, welch'ein graus,
alle kinder komm' nach haus.
niemals wird so viel gelogen,
mutter geht schon ganz gebogen.
niemals gibt es so viel streit,
ach du liebe weihnachtszeit.
vater könnt vor spannung platzen,
emil wird das fest verpatzen,
wird von seinen mietzen prahlen,
alle müssen hell nun strahlen,
niemals gibt es so viel streit.
ach, du liebe weihnachtszeit.
peter nölt am gulasch rum,
onkel ist das nun zu dumm,
haut die kelle in die suppe,
susi brüllt, sie wollt' ne puppe,
niemals gibt es so viel streit,
ach du liebe weihnachtszeit.
jeder denkt, wär er bloß nicht hergekommen,
tantchen ist vom wein benommen,
sie erzählt zum x. male,
könnt in 'nen apfel beißen, auch mit schale,
sie hätt nun ein neu gebiss,
doch die rechnung sei beschiss.
niemals gibt es so viel streit,
ach du liebe weihnachtszeit.
robert will sich scheiden lassen,
prost, prost, nun aber hoch die tassen.
draußen im park sitzt ein altes mütterlein.
salam mutter, du nicht fühlen einsam, so allein?
nein, ahmed, das ist meine schönste weihnachts-
zeit,
20.. ganz ohne streit.

hören – gehören – Gehör

DER MENSCH GEHÖRT EINZIG UND ALLEIN GOTT

Der Mensch HÖRT einem Menschen ZU
Der Mensch GEHÖRT ZU einem Menschen
Der Mensch GEHÖRT KEINEM Menschen!

DER MENSCH GEHÖRT EINZIG UND ALLEIN GOTT

Betrachte die Schöpfung mit den Augen Gottes.
Betrachte die Welt mit Gottes' Augen.
EINZIG mit GOTTES'Augen siehst du RICHTIG.

richtig, recht, zu Recht, zurecht, rechtens, rich-
ten, richtigstellen,

verliebtsein

verliebtsein empfindet hässliches = schön

verliebtsein fühlt boshaftes = gut

verliebtsein versteht dummes = klug

verliebtseinlohnt = leben

Botschaft

„Verliebt in Dich", hierauf angesprochen,
hätte sich in ein Mauseloch verkrochen.

Ihr dies gewidmet empfinde sie als Häme.
Ihr Name in diesem Buch, sie sich schäme.

Fände dieses gar nicht gut.
Sie täglich packe neue Wut.

Schreit mich an in meinen Räumen.
Lässt Anstand + Respekt versäumen.

Brüllt durch mein Arbeitszimmer,
ich sei mies und das schon immer.

Warum klopft sie an meine Wohnungstür,
um diese Lügengeschichten erzählen mir?

Ich wolle immer die Schönste sein,
bin es aber doch, die von uns zwein.

Spräche im altun viel zu laut,
jedermann nun zu mir schaut.

Widerlich und eitel sei ich im Imbiss.
Mein Gequatsche sei doch Beschiss!

Beleidigt mich.
Empört sich.

Im Gesicht knallrot vor Wut.
Ist ungesund, also nicht gut.

Irgendwann ist sie fertig mit ihrem Gebrüll.
Sie wollte sagen, sie nicht genannt sein will:

MEIN NAME NICHT IN „Verliebt in Dich" STE-
HE,
MIT DESSEN BOTSCHAFT ICH NICHT EINIG
GEHE!

ent-scheidung

während deiner fahrt zum krematorium
schau'ich mich schon mal um .
warum?
eben drum:

A? nein,weiß heute nicht, was gestern war.

B? nein,hält fest an erster eh'.

C ? nein, hat ständig ebbe im pottjuché.

D? nein, hat jeden tag ein neu weh-weh.

E? nein, hasst skiurlaub im schnee.

F? nein, mir wird schlecht bei jedem treff.

G? nein, ist ungepflegt,wie ich seh'.

H? nein, was erzählt ist niemals wahr.

I? nein, könnt ich lieben nie.

J? nein, liebt nur den spott.

K? nein, schon mal liiert ich war.

L? nein, laufe weit weg, ganz schnell.

M? nein, ist heute schon plemmplemm.

N? nein, stottert ständig em em em.

O? nein, könnt' mich nie machen froh.

P? nein,liebt nur die sonne, nicht den schnee.

Q? nein, kommt tag und nacht nicht zur ruh.

R? nein, ist zu fett, viel zu schwer.

S? nein, hier fällt mir gar nichts ein.

T? nein liebt nur milch und nicht kaffee.

U? nein trägt stets dreckige schuh.

W? nein, erzählt immer dasselbe, von gestern den schnee.

X? nein, zu aufbrausend, schreit immer ganz fix.

Y? vielleicht, könnt' mir gefallen schon.

Z? Ja, find' ich supernett!!!

stufen

meine gedanken, ich hatte sie nicht gerufen,
sie sprachen zu mir, unser herz sei nicht rund,
wäre kantig, bestünde aus vielen stufen:

ein mancher unseres lebens stieg bis oben,
fiel bald wieder hinunter von dort droben.

ein mancher schaffte es bis zur mitte,
vergeblich bemühten sich seine schritte.

ein mancher blieb schon vor der ersten stufe
stehen,
blickte hinauf, konnte sein ziel gar nicht erst se-
hen.

es gibt einen, er steht sicher auf oberster stufe,
es ist GOTT, zu ihm in deiner Not stets laut rufe.

c'est la vie

heute früh, sturm, dunkelheit,
herbst, winter, kalte jahreszeit.

sie krallt: diese sehnsucht nach dir,
sie wieder tief quält, glaubt es mir.

mich an dich schmiegen,
in deinen armen wiegen.

c´ est la vie, so ist das leben:
liebe einem anderen geben:
eben.

schmetterling

die liebe ist ein schmetterling
kein gegenstand, kein ding.
mit süßer zärtlichkeit zu küssen
sie nimmermehr zu vermissen...

die liebe gleicht einem schmetterling
sie ist kein gegenstand, kein ding
ihn mit süßer zärtlichkeit zu küssen, dies möchte
ich nimmermehr vermissen.

müll

ich wache auf,
da sind sie wieder, meine sorgen.
gestern sagte ich, morgen werde ich sie entsor-
gen.
jetzt ist dieses morgen heute.
frage, wo sind die mülltonnen leute?

seele

es ist 3.42 in der nacht,
seit stunden kann ich nicht schlafen,
verliebt in dich, hab'ich einzig an dich gedacht.

nicht mein Ich hat mit dir kontakt aufgenommen,
dieses erschiene im lebensspiegel zu verschwom-
men.
es ist meine seele, welche nach der deinen
schreit.
sie fühlt sich an, als hätte meine die deinige nicht
geküsst eine ewigkeit.

in wirklichkeit ist es doch erst 3 tage her,
jedoch meine seele trägt an der trennung schwer,
gar schwer!!!

die rede ist nicht von melancholie hier,
es ist schmerzhaftes leiden,
denn DU bist nicht bei mir.

allmählich wird es auf meiner terrasse schon et-
was heller,
bald beginnt der neue tag,
ich flehe innigst:
bonjour neuer tag, lauf bitte heute etwas schnel-
ler.

die hoffnung stirbt zuletzt :
ein liebes wort kommt heute an – hier
nicht bei mir – sondern bei ihr.

zieh deine schuhe aus

der mann hat in seinem haus nichts verändert.

auch im garten ist alles so geblieben .

wie es zum zeitpunkt des todes seiner ehefrau war.

die kleine schaufel, die sie so liebte, liegt noch an derselben stelle.

ihre bunt gemusterte schürze hängt noch immer an der wäscheleine.

mal ist sie trocken mal nass.

ihr zustand richtet sich nach dem wetter.

an manchen tagen wippt sie hin und her.

an anderen tagen überschlägt sie sich.

dabei wickelt sie sich um die wäscheleine.

ein fremder könnte gar nicht entdecken können, dass dies eine schürze ist.

an manchen tagen hat man den eindruck, sie schaukele im wind.

ich liebte diesen anblick.

stellte mir vor, was diese kleine schürze wohl alles mitangesehen hatte.

welche düfte sie in der küche eingeatmet hatte.

verloren in meine gedanken über sie, sitze ich auf dem großen breiten stein im garten.

ein leichter wind umschmust mein gebräuntes gesicht.

ich wollte gerne glücklich sein.

es gelang mir nicht.

warum nicht.

ich spürte jeden augenblick, ich war nicht seine ehefrau.

ich war seine freundin.

es gibt verheiratete freunde.

man kann sie auch kameraden nennen.

sein leben war immer noch dieses kleine dorf.

gemütlich war es.

alle kannten einander.

mich kannten nun auch alle.

alle waren freundlich zu mir.

grüßten mich.

schauten mich manchmal seltsam an.

kein wunder.

war doch nur meine körpergröße gleich ihrer.

sie war meine freundin.

wichtig war ich ihr.

ganz wichtig.

sie wusste, sie würde bald sterben.

führte ein tagebuch.

an dieses fügte sie meinen bericht.

wie das damals war, als ich überzeugt wurde:

es gibt einen guten Gott.

Gott ist die Liebe.

ich fühle mich nicht leidend einsam.

akzeptiere diese.

mein verstand spricht, es sei zur zeit das beste für mich.

mein herz folgt ihm.

in dieser einsamkeit entwickle ich mich vielfälltig.

erfahre deutlich intensiv meine kräfte.

vermisse ich die zweisamkeit nicht?

gedanken tänzeln in meinem kopf.

gedanken hüpfen in meinem herzen.

vielleicht ist mir in weiter ferne noch einmal ver-gönnt:

ich lebe ge mein sam mit einem mann unter einem gemeinsamen dach.

gemeinsam leben und gemeinsam an einem der menschheit dienendem projekt zu arbeiten.

doch nur, falls es Gottes Wille ist.

himmel

der himmel ist in dir

glaub es mir

vergeblich wirst du ihn anderswo suchen

du kannst ihn auch nicht online buchen

suchst ihn vergeblich auf irdischen wegen

erkennst ihn einzig mit GOTTes segen

mach dich auf auf den himmlischen weg

du wirst fühlen schmal ist der steg

links und rechts ängstigt dich abgrund

stürzt nicht hinunter GOTT hält dich gesund

einzig GOTT reich ihm angstfrei deine hand

er führt dich sicher über den schmalsten steg ins friedensland

hier findest du den himmel den ersehnten frieden

bist dann von all dem bösen ganz sicher geschieden

glaub es mir

der himmel ist in dir

unsterbliche liebe

bin gerade aufgewacht

nein nicht das erste mal

irgendwann war ich schon einmal wach

wann genau

keine ahnung

mit zahlen nehme ich es nicht so genau

noch nicht einmal wenn es um geld geht

zähle nie nach wenn ich wechselgeld zurückbe-
komme

versichere den leuten schon früh genug

sie kämen in die hölle, sollten sie mich betrügen,

würden schon sehen, was sie davon hätten

zum schluss wäre ich immer der sieger

im stillen denke ich

ihr alle werdet auf die fresse fallen

seid lieber von anfang an ehrlich zu mir

jahrelanges krankenlager wird euch drohen

genau weiß ich gar nicht warum ich euch dies er-
zähle

will ich euch etwa drohen

oder warum

es ist 6.47 uhr

weiß nicht warum ich euch das schreibe

wieviel sekunden noch hinzukämen

keine ahnung

mein weißer wecker hat keinen sekundenzeiger

muss ja auch nicht alles haben

hauptsache die aufwachstunde zeigt er an

wem die stunde schlägt

mir doch egal

haben mich bisher alle geschlagen

oder nach mir gespuckt kein wunder

gehe allen auf die nerven

und dann der gestank den ich verbreite

ich verbreite den wirklich

weil ich doch immer auf und ab renne

könnt ich doch sitzen wie die anderen leute

die heulen zwar den ganzen tag

den ganzen tag ruhen sie sich aber aus dabei

ich renne

renne renne 24 stunden am tag

nein das ist nicht wahr

24 stunden am tag sind es nicht

zwischendurch breche ich zusammen und schlafe ein

das ist so ein schöner moment

wünsche mir sehnlichst ich würde nie mehr auf-wachen

ich hasse dieses leben

warum sollte ich auch leben

ich bin alleine alle kriegen besuch

ich nicht

am wochenende werden die meisten nach hause
abgeholt

ich nicht

keiner liebt mich

keiner liebt mich

auch meine kinder nicht

das dröhnt immer wieder durch meinen schädel

seit monaten habe ich mich nicht mehr geduscht

meine fingernägel habe ich bis zum fleischrand
aufgefressen

nicht nur mein leben hat mich aufgefressen

wieso leben

habe doch nie gelebt

war nur am leben

warum renne ich denn eigentlich den ganzen tag

wenn ich aufwache auch in der nacht

blödsinn es gibt nur den tag

der tag hat 24 stunden

nein den tag gibt es auch nicht

es gibt gar nichts nichts

alles gleich

einfach nur rennen

rennen hin und her während ich atme

genau

zeit gibt es nicht nur den atem

solange der mich besucht

bin ich am leben

schade

immer noch immer noch

dabei will ich schon lange nicht mehr

aber was ich auch tue ich lebe immer noch

erst habe ich mich unter strom gesetzt

bin immer noch hier

vielleicht habe ich einen fehler gemacht

physik war nie mein ding

und dann die gifttabletten

war irgendsoein tablettenscheiß

keine ahnung wie die hießen

hab es vergessen

vergessen meine lieblingsbeschäftigung

ja und dann das aufschneiden meines armes

je mehr blut floss

desto schöner

dachte es wäre die hauptschlagader

hatte eine rasierklinge gefunden

etwas rostig

besser als gar nichts

ich säbelte und säbelte

schnippelte und schnippelte am linken armgelenk

je mehr blut floss

desto besser

desto glücklicher war ich

dabei rannte ich immer hin und her

während ich dies erzähle

warum weiß ich gar nicht

rannte ich in bad salzdethfurth

sonnenbrink

von sonne keine spur

also da rannte ich immer auf und ab

starrte auf den braun beige geflammten fliesen-
fußboden

das blut floss nur so

endlich dieses ding durchschneiden

dann wäre alles vorbei

freute mich schon so sehr hierauf

aber ich kriegte das ding nicht durch

es war zu stark

sie war zu stark

es war eine sehne

das blut floß aus der zerschnittenen haut

irgendwann hatte ich keine kraft legte mich auf
das bett

nicht mein bett

das hatte er schon längst für sich und seine ge-
liebte beschlagnahmt

seine kleine geliebte

sie war jünger als unsere gemeinsame tochter

also legte ich mich auf ein bett meiner inzwischen
verstorbenen tochter schlief ein.

immer der schönste moment

hoffentlich wache ich nie mehr auf

wo waren die eigentlich alle

keine ahnung

auf jeden fall nicht mehr hier in diesem bungalow
sonnenbrink

da fällt mir doch die hausnummer wieder ein

nun bin ich wieder in gedanken in wunstorf

in der klapsmühle

das ist kein feines wort

sagten es dennoch immer wieder

wir die wir am brunnen standen

und die mit den hunden

die am tag da so rumsaßen

ich lebte ja immer noch aber nun hatte ich eine 4.
idee

kam nicht von mir

es ging rum wie ein lauffeuer

ein feuer das ganz schnell laufen kann

axel sei unter den einen zug gesprungen

er sei tot

da dachte ich gute idee

dies kann ich auch

ging zum wunstorfer bahnhof

es war schon abends

am 30.12.1993

auf und ab ging ich an einem bahnsteig

spähte nach den zügen

welcher wohl am schnellsten fahren würde

unter oder eigentlich vor

den wollte ich springen

so wie axel

der hats gut

axel hats geschafft

ich schaffe das auch

wenn man etwas wirklich will

dann schafft man das auch

es war kalt

mir war kalt

obwohl ich den rosafarbnenen neuen winterman-
tel anhatte

750 DM

er hatte ihn gekauft

nun bin ich wieder am bahnhof

renne auf und ab

auf und ab

die züge fahren zu langsam

das denke ich

ich bin enttäuscht

da plötzlich rast ein ganz schneller zug durch den bahnhof

intercity wohl

den nehme ich

ja meine gedanken formen sich zu meinem festen entschluss

zurück gehe ich in das zimmer in dem ich gerade meine kleine bleibe habe

bleibe

nein

ich will hier nicht hierbleiben

ich will nur tot sein

tot dieses leben kann ich nicht mehr ertragen

nein

was sagte der vater meiner kinder

niemand liebt mich

auch meine kinder nicht

dann will ich sterben

irgendwie

es war der 30.12.1993

heute ist der 30.12.2018

ich will leben leben leben

immer nur leben

habe mich noch nie so sehr geliebt gefühlt

fühle mich so sehr geliebt

möchte unsterblich sein

fühle mich so sehr

geliebt von dir du mein leben....

habe diesen text einfach so hingeschrieben

ohne punkt und komma

nicht einmal auf mein blatt computerpapier
geschaut

ich werde nichts korrigieren

nun kann ich nicht mehr schreiben

ich heule rotz und wasser

ich fühle mich so sehr geliebt von dir mein leben

so sehr

ich danke dir der liebe meines lebens

nachtgebet

nie bete ich

nie bitte ich

Gott erhört auch ohne worte mich

heute eine ausnahme mache ich

ganz sicher auch heute nicht vergebens:

Gott beschütze die Liebe meines Lebens.

fehlst

es ist mitten in der nacht

schon länger liege ich wach, habe nachgedacht.

worüber, na das ist wohl klar,

denke nach über meine gegenwart und das kommende jahr.

viele fragen habe ich mir gestellt,

z.B. ob überhaupt und wer oder was sich in zukunft zu mir gesellt.

ganz schön lange lebe ich in meiner villa kunterbunt schon allein.

wer oder was wird sich demnächst in mein leben mischen ein?

gestehe außer in manchen augenblicken gefällt mir das so,

ich meine sola zu leben, macht auch manchmal froh.

selbstständigkeit, freiheit bei tag und bei nacht,

niemand ist hier, der unordnung macht.

nicht rücksicht auf nen knurrigen partner nehmen müssen,

zwischendurch auch mal den netten nachbarn küssen.

nach dem essen das bäuerchen nicht unterdrücken,

nicht ständig aufgetakelt stolzieren, sich müssen schmücken .

nicht schon des morgens meine locken frisieren

nicht die wuschelfrisur sotieren, ja chic und flott ondulieren.

ungeniert am frühstückstisch im schäbylook morgenmantel das frühstücksei hinunterschmatzen,

sich auch mal – scheißegal- am kopfe kratzen.

als erste morgens die husumer nachrichten studieren, also ungeknüllt,

einfach nicht hinhören, was das gegenüber aus schlechter laune gebrüllt.

dusche, klo und waschbecken nach dem benutzen nicht sofort wieder putzen.

die zahnpastatube muss nicht sofort wieder zugedreht, das make-up noch offen bis zum abend herumsteht.

ach wie schön und bequem sich so ein leben anhört aber eins mich dennoch stört:

du fehlst mir!!!

émotions

demain ist mein seabel abschiedstag,

un jour, den ich gar nicht mag.

aujourd'hui sollst tu es wissen,

je me sens vollständig, nicht zerrissen.

puis tu dois es heute wissen,

je me réjouis quand nous uns küssen.

une semaine in der stille ruhn,

außer écrire rien à tun.

frisch und fröhlich, ganz entspannt,

je voyagerai demain in mein heimatland.

vive l'amour, est-ce qu'on m´a vue schon gesehen comme ça?

oui, um meinen verstand ist es geschehen.

es geht auch ohne .

vive les émotiones

das glückskleeblatt

auf der halbinsel eiderstedt lebts sich so richtig schön, die menschen nett?

schon frühmorgens wache ich glücklich auf, lächle, und dies noch im bett.

habe doch wirklich 4 journalisten zu meinen büchern gefragt,

alle 4 haben mir über diese etwas zu schreiben, jawohl: zugesagt.

sie kommentierten, telefonierten, manches sagten, anderes mich fragten.

jedoch, man kann es glauben oder etwa nicht? in ihren 4 zeitungen stand bis heute kein bericht.

auf der halbinsel eiderstedt lebt es sich so richtig schön,die menschen nett???

schon frühmorgens wache ich glücklich auf, und dies noch im bett.

na dann!

es gibt nur ich +du und mein und dein,

wie kann dies sein?

niemals unser, niemals wir,

ist das ein leben hier?

hieran gewöhnt man sich,

an dieses du+ich.

ein jeder führt sein eigenes leben.

eben.

auf die sichtweise kommt es an.

na dann!

nurmut!

nurmut! sich immer wieder neu zu verlieben tut so gut.

locker fühlst du dich auf erden, fort sind all' deine beschwerden.

unwichtig sind blutdruck, das elendige genöhle der familie,

sorgen von gestern, das ist nun geschmolzener schnee.

du freust dich den ganzen tag, egal was auch immer kommen mag.

ach, wie ist das leben wunderschön,

aufrecht – lächelnd durch den tag zu gehn.

nurmut!!! sich immer wieder neu zu verlieben tut so gut.

herr krups

heute ist montag, 11.30 uhr.
eigentlich will ich zu baban.
baban gehört zu meinen kumpels.
er hat das kleine restaurant altun in der tönninger city.
aber seit kurzem feiert er montags frei.
redlich verdient hat er das.

selbst muss ich mir heute also mein essen zubereiten.gute kochideen habe ich schon lebenslang.heute entscheide ich mich für ein 3- gang menu:3 leicht rundliche pellkartoffeln, ein stück margarine.als krönung meiner gourmet création 1 spiegelei hierzu.
1 glas warmes leitungswasser darf auch nicht unerwähnt bleiben.

aus meinem uraltem kühlschrank gurgelt es sonderbar.
was ist mit bloß loß mit ihm?
nichts!
das ist es ja!
mein kühlschrank hat seinen geist aufgegeben.
auch das noch.
erwartungsvoll blicke ich in mein pottjuché.
von flut keine rede.

ein handwerker muss kommen.
nicht irgendeiner.
einzig herr krups soll kommen.
gespeichert habe ich herrn krups' mobilephonenumber.
mein mann für (fast) alle fälle.
herr krups ist stets zuverlässig.

herr krups ist mir lieb und teuer

herr krups kommt.
und dies prompt.
lächelt wie immer.
begrüßt mich untypisch deutsch:
er küsst mich links und rechts auf meine wangen.
na na na...

zu einem köstlichen mahl lade ich herrn krups ein.
extra für ihn kreiere ich ein 4- gänge menu:
4 ovale aalglatte pellkartoffen, 1 stückchen gute
butter, als krönung 2 spiegeleier.
ach ja, als köstliches getränk serviere ich ihm 1
glas buttermilch.

punkt 12 uhr.
meine essenszeit.
pünktlichkeit ist alles (fast).
herrn krups mundet diese délikatesse.
kein wunder.
von meiner kochkunst ist halt jeder fasziniert.

herr krups folgt dem bäuerchen, geht an die ar-
beit.
gewissenhaft repariert er meinen geistlosen
kühlschrank.
wir plaudern noch ein wenig.
tschau!

herr krups muss zum nächsten auftraggeber.

etwas später:

mein kühlschrank gibt keinen ton mehr von
sich.ich öffne ihn.
kein wunder.
nichts als heisse luft.
was nun?

ich entscheide mich butter, käse , brot und eier
in meinem alten herd zu lagern.
den herd habe ich schon vor geraumer zeit kalt-
gestellt.
also räume ich diese mit sorgfalt in jenen.
„ordnung ist das halbe leben" höre ich meinen
mentor josef gödde tönen.
diese töne tönen schon seit 1965 in meinen
sonst arbeitsscheuen ohren.
1965, das waren noch zeiten, aber keine besseren
nein- nein- nein!!!
1965 absolvierte ich nämlich mein 1.stadtschul-
praktikum in einer 8.klasse in einer schule in holz-
minden.

doch nun wieder zurück ins hier und jetzt.
tip tip tip, herrn krups'mobile number ist ge-
wählt.
herr krups kommt.
und das prompt.

ersteinmal frühstücken wir zusammen.
danach will herr krups den herd reparieren.
geduldig räume ich meinen alten herd wieder aus.
brot, butter, margarine, harzerroller, eier und
buttermilch schleppe ich in den fahrstuhl.
dieser hat schon längst ausgedient.
superidee von mir:
im fahrstuhl ist es immer eisekalt.

inzwischen repariert herr krups den herd.
mit herrn krups bin ich immer zufrieden.
so bitte ich ihn auch noch meine kleine spülma-
schine zu reparieren.
macht er doch gerne.
nächstenliebe.

inzwischen ist es abend geworden.
da könnten herr krups und ich doch noch zusammen essen.
liebevoll decke ich den tisch:
brot, butter, margarine, harzerroller und buttermilch.
als krönung serviere ich für jeden 1 ei.
erwähnenswert noch der winzige salzstreuer.
ein hotelsouvenir einer meiner auslandsreisen.

herrn krups mundet es.
ich bin so happy.
unseren abschied zögere ich hinaus.
das ist meine spezialität.
sie ist köstlich!!!

„mensch ärgere dich nicht" könnten wir noch
spielen, oder?
o.k.
wir spielen eine runde nach der anderen.
ich schmeisse ihn nie raus.
warum wohl?

nun muss herr krups aber wirklich gehen.
heute gibt es keine abschiedsküsschen.
wirklich schade!
hatte mich schon den ganzen tag auf diese gefreut.
dann eben nicht.
wahrscheinlich hat ihn seine freundin überzeugt:
küssen macht schwanger.
und vater will herr krups wirklich nicht werden.
weilt er doch schon mehr als 6 jahrzehnte auf
dieser erde.

tschau!

herr krups steigt in den herd und fährt hinunter ins erdgeschoss.

juchuuu...

mein ganzes leben hat sich geändert.
wenn heute jemand an meiner haustür klingelt,
schaltet sich die spülmaschine ein.
wundervolle musik ertönt.
sie ist auch nicht zu laut.
mein gehör freut sich mit mir.
die lebensmittel lagere ich im fahrstuhl.
herr krups genießt seine erfolge.
ali krups und ich, wir haben eben eine andere
wohnung als andere leute und wir sind überglück-
lich...

frieren

erfriere in diesem land
dies zu gestehen ist keine schand.

wer zeigt schon gefühle?
bietet mir an den schönsten seiner stühle?

auf diesem könnte ich sitzen,
meine lähmende angst ausschwitzen.

wer gäbe mir einen zärtlichen kuss?
alle brüllen nur, ich fortgehen muss.

darf nicht sagen, dass ich hab'dich lieb.
werde behandelt wie ein gemeiner dieb.

erfriere in diesem land,
dies zu gestehen ist keine schand.

melodie der tränen

tränen haben ihre eigene melodie,
ich gestehe:
hieran dachte ich bisher nie.

klingen tränen laut oder leise?
ich frage:
singt jede träne eine andere weise?

seit einigen tagen,
ich frage:
was wollen ihre melodien uns sagen?

unterschiedlich klingen sie wie unsere worte,
ich meine:
wo sie geweint, wo, an welchem orte.

tränen werden von menschen geweint,
ich glaube:
jeder mensch etwas anderes meint.

darf mit der liebe meines lebens weinen,
ich fühle:
unsere tränen uns bis in ewigkeit vereinen.

Kleine schwarze Gaby

Am 17.1.1945 wurde ich in Uchtspringe, dem heutigen Stendal, geboren. Meine Mutter Mathilde Jaworsky geborene Watzlawek, war Schneiderin. Mein Vater Stefan Jaworsky war Architekt und Kunstmaler. Beide wurden in Czernowitz, in der heutigen Ukraine geboren. Einen Bruder habe ich noch, dieser ist vier Jahre älter als ich. In Metzingen Kreis Celle und in Celle verbrachte ich meine Kindheit und Jugend.

Sehr schwierig war der Neubeginn für meine Eltern. Nach Deutschland waren sie als Umsiedler gekommen. Ein Fußfassen im Nachkriegsdeutschland gestaltete sich sehr schwierig. Viele Sorgen belasteten unsere kleine Familie. Eine Wohnung bekamen wir nicht sofort in Metzingen.

Unsere 1. Bleibe war ein Schweinestall. (siehe „Verliebt in Dich", ISBN 9783752888058)

Unsere 2. Bleibe waren zwei schrägwändige Dachzimmer. Fleissig nähte meine Mutter für die Bauersfrauen. Neue Stoffe gab es noch nicht. Alte Kleidung wurde aufgetrennt. Änderungen wurden vorgenommen. Polstermöbeln wurde der Stoff abgezogen, z.B. daraus Kostüme genäht. Unermüdlich, manchmal auch des nachts nähte meine Mutter. Die alte Singer Nähmaschine hatte ein Tretpedal. Das Geräusch dieser Maschine liebte ich. Deren Geratter meine ich. Noch heute höre ich es und freue mich dabei. Gemütlichkeit brachte dieses Geratter in unsere 2. Bleibe.

Mein Bruder und ich, wir schliefen in einem Bett. Das war ganz merkwürdig. Selbstgebaut hatte es mein Vater. Rechteckig war es. So trafen wir einander nur an den Füssen. Streit gab es also jeden Abend, wenn unsere Füsse einander trafen.

Eiskalt war es im Winter. Eisblumen zierten die Fenster. Wärmflaschen gab es noch nicht. Not machte schon immer erfinderisch. Heisses Wasser schüttete mein Vater in eine leere Schnapsflasche. „Zu heiss" protestierten wir lautstark. Irgendein Gelumpe wurde also um die Flasche gewickelt. Das Gemecker ging weiter. Irgendwann schliefen wir ein.

Eine wichtige Rolle spielte hier das Nähmaschinengeratter. Es ratterte uns in den Schlaf. Da fällt mir noch etwas Wichtiges ein. Meine Mutter hatte einer Bäuerin ihren wunderschönen Ring gegeben. Hierfür bekam sie für diese Nähmaschine. Übrigens habe ich noch heute die Fingerhüte von damals. Für nichts auf der Welt gäbe ich diese her. Sie bringen mir unsere arme Zeit zurück.

Unglücklich waren wir Kinder dennoch nicht. Freiheit, welch eine Freiheit hatten wir! Es gab noch keine Autos. Ein paar alte rostige Herrenfahrräder standen herum. Metzingen war ein richtiges Dorf, in welchem die Schweine frei herumliefen. Spannend waren besonders die Ganter. Zischend liefen sie hinter uns her. Das Geschnatter der durch das Dorf watschelndenen Gänse liebten wir. Ganter fanden wir natürlich spannender. Angst hatten wir vor ihnen. Dennoch wagten wir es immer wieder in ihre Nähe zu kommen.

Wir Kinder liefen den ganzen Sommer barfuß. Ich war ein richtiges Straßenkind. Am liebsten wäre ich auch noch die ganze Nacht im Freien geblieben. Aufzufallen liebte ich schon damals.

Alle Kinder waren blond. Einzig ich hatte einen pechschwarzen Lockenkopf. Alle Kinder hatten eine weisse Haut. Meine Haut ist gelblich. Mancher Erwachsener nannte mich Toxi. Mir war das piepegal. Wütend wurde jedoch meine Mutter, wenn sie das hörte. Viel später erfuhr ich, dass es ein Mädchen namens Toxi gab. Und wohl auch einen Film. Toxi war ein Mischlingsmädchen. Ihre Mutter war eine Deutsche und ihr Vater ein farbiger Besatzungssoldat.

So war das auch mit meinem Freund Ronny. Ronny hatte schöne braune Haut. Er war mein bester Freund. Wenn unser Lehrer ein Foto machte, setzte er uns immer nebeneinander. Ich meine, als ich schon zur Schule ging. Klaus Bartels war auch mein Freund. Er war der Sohn vom Lehrer Bartels. Ich liebte meinen Lehrer. Komisch fand ich es ,dass die Jungs Wasser pumpen sollten. Also wenn sie mal wieder frech waren. Oder wenn sie ihre Hausaufgaben nicht gemacht hatten. Herr Bartels setzte die Anzahl der Pumpenhiebe fest. Meine Mutter meinte, dann hätte Frau Bartels Wasser in der Küche. Mir war so etwas egal. Hauptsache ich konnte draussen sein.

Ach ja, da fällt mir noch etwas von Frau Bartels ein. Frau Bartels fehlte ein halber Zeigefinger. Es hiess, dass der abgemacht werden musste wegen einer Blutvergiftung. Fantasie hatte ich schon damals. Fragte diese ,also meine Fantasie, wo der halbe Finger denn wohl sei. Irgendwo musste er ja nun sein. Meine Fantasie gab mir bald die Antwort.

Klar, der halbe Finger musste in der Sandkiste verbuddelt sein. Hiervon war ich fest überzeugt.

Also buddelte ich jeden Tag in dieser Sandkiste. Irgendwann gab ich das Suchen wohl auf.

Unser Klo fällt mir nun ein ,das uns damals zur Verfügung stand. Mein Vater nannte es immer Donnerbalken. Warum konnte ich nicht verstehen. Zum Donnerbalken musste jeder von uns mal. Am Tag und in der Nacht. Das war es ja gerade.

Mein Bruder hatte immer eine Riesenangst, wenn er nachts dort hinmusste. Klar, meinte ich, ich würde ihn begleiten. Meine Mutter staunte nicht schlecht über meinen vermeintlichen Mut. Schliesslich bin ich doch 4 jähre jünger als er. Sie betonte diesen Mut stets vor meinem Vater. Das fand ich super. Bewundern liess ich mich damals schon. Mutig war ich gar nicht, wovor sollte ich Angst haben? Schliesslich war ja mein großer Bruder bei mir. Der Donnerbalken war nichts anderes als ein Brett, an zwei eiten befestigt. Man musste höllisch aufpassen, dass man nicht hinunter in die Sch... fiel. Mich ekelte das in der Sch... herumkriechende Getier. Aber man kannte ja nichts anderes.

An den Teufel dachte ich, wann immer ich auf dem Donnerbalken saß. Warum? Hier stank es, alles war widerlich und eklig. Hier , ganz nah müsste der Teufel wohnen. Ich stellte ihn mir als kleines Männlein mit Hörnern vor. Böses brachte ich in Verbindung mit Dreck und Gestank.

Also holte ich eines Tages meine kleine Schaufel und grub in der Nähe des Donnerbalkens. Mit meinen kleinen Händen buddelte und buddelte ich jeden Tag. Ich konnte es nicht kapieren, dass ich nicht wenigstens auf seine Hörner stieß, igendwann gab ich meine Suche auf.

Die Erwachsenen meinten Gott habe Ton genommen und diesem den Odem eingehaucht. So würden Menschen entstehen. Diesen Gedanken fand ich toll. Also wanderte ich zur Tonkuhle und holte einen kleinen Eimer voll Ton. Zu einer Figur formte ich einen Klumpen hiervon. Diesen Klumpen atmete ich immer wieder an. Odem hatte ich mit Atem gleichgesetzt. Irgendwie klappte es nicht. Aus meiner Tonfigur wurde kein Mensch.

Schliesslich gab ich auch dieses auf. Vor Fantasie strotze ich ja heute noch.

Sehr klein und dünn war ich. Nichts saß, ich meine meine Kleidung. Meine Mutter nähte alles selbst , auch meine Unterwäsche. Wie eng sie auch das Schlüpfergummi nähte. Der Schlüpfer rutsche. Lautstark jammerte und meckerte ich draußen beim Herumrennen. Die Nachbarn konnten mein Genöle nicht mehr hören. Was immer auch meine Mutter daran änderte. Das Ding rutsche, wenn ich durch das Dorf fegte. So kam ich eines Tages auf eine praktische Idee. Ich zog ihn aus und verbuddelte ihn in der Sandkuhle. Meine Mutter war entsetzt, als ich ohne Schlüpfer nach Hause nach Hause kam.

Wenn ich Mist baute, musste mein großer Bruder diesen ausbaden. Unsere Mutter schickte also meinen Bruder zur Sandkuhle. Der Arme musste also meinen verbuddelten Schlüpfer suchen. Schliesslich fand er ihn. Er brachte ihn meiner Mutter, warf mir einen vielsagenden Blick zu. Dieser sprach hörbar: Warte nur, wenn Mutti mal nicht zu Hause sein wird. Er hasste mich noch lange Zeit ,wenn er sich hieran erinnerte.

So war das auch mit den Backförmchen. Meine Mutter war so glücklich sie erstanden zu haben. Sie schenkte sie mir. Aber Kuchenbacken aus Sand, da hätte ich stillsitzen müssen. Nein, das war nichts für die kleine Schwarze Gaby ,wie alle mich nannten. Also ging ich von Tür zu Tür klingelte und verkaufte sie. Als ich abends reinkam fragte meine Mutter nach den Backförmchen. Gleichzeitig wunderte sie sich über die Groschen in meiner Hand. Ich dachte, Donner und Blitz hätten sie getroffen. So sauer schaute sie mich an. Wieder musste mein armer Bruder losgehen und die Backförmchen zurückholen. Er hätte mich am liebsten verdroschen. Das ging ja nicht, da ich ja die süße Kleine war.

So war das auch mit den Bahnschienen. Zu gerne lauschte ich an ihnen. Am Geräusch konnten wir Kinder hören, ob bald ein Zug käme. Verboten ,strengstens verboten hatte uns das unsere Mutter!

Dennoch. Ich jammerte und jammerte meinem Bruder so lange etwas vor bis er nachgab. So gerne wollte ich wieder lauschen. Hoch und heilig versprach ich ihm zu schweigen. Mutti würde dieses doch gar nicht erfahren. Wie immer fiel er auf meinen Schwur hinein.

Also gingen wir zusammen zu den Bahnschienen. Wir kauerten uns hin. Dann legten wir unseren Kopf seitlich auf die Bahnschiene und lauschten. Total spannend fand ich das.

Brav gingen wir nach einiger Zeit nach Hause. Kaum angekommen, sagte ich: „Mutti, Hugo war schon wieder mit mir an der Bahnschiene". Unsere Mutter knallte meinem Bruder eine Ohrfeige. Dieser schaute zornig zu mir. Genau wusste ich, was dieser Blick bedeutete. Der Blick sagte: Ich werde Dir so Deinen Arsch versohlen, warte nur, bis Mutti wieder einkaufen geht. So war es dann auch. Unsere Mutter musste um Lebensmittel zu kaufen nach Eldingen gehen. Das waren 2km Fußweg hin und 2km zurück. Da hatte mein Bruder genug Zeit um Rache zu üben.

Er steckte meinen Kopf zwischen seine Beine. Er

donnerte mit seinen Händen auf meinen Hintern. Aus Leibeskräften schrie ich. Nichts nützte. Ich versprach ihm hoch und heilig nie mehr so böse zu sein. Doch daraus wurde nichts.

Mein Bruder spazierte wieder mal durch Wald und Feld. Manchmal setzte er sich an einen Teich und lauschte dem Gequake der Frösche. Im Gegensatz zu mir, liebte er die Stille. Stille, die ging mir schon damals auf meinen Geist. Von dem Teich brachte er wieder neue Molche mit. Liebevoll setzte er diese in ein kleines Glasgefäß, ausgeschmückt mit Pflanzen. Vor dieses konnte er lange ruhig sitzen und die Tierchen mit Freude bewundern. Doof fand ich das. Schließlich sollte er mit mir spielen. Die Hauptrolle wollte ich spielen.

Eines Tages wollte er wieder eine kleine Wanderung machen. Er wusste ja, dass ich ein kleines Aas war. So sagte er mit strengem Blick, ich solle auf keinen Fall die Molche stören. So wie ich es Euch schon oben erzählt habe. Ich schwor mal wieder.

Kaum war er die Treppe hinuntergestiegen, lachte ich mir ins Fäustchen. Nahm einen Molch aus dem Glasgefäß und ging zum Fenster. Als ich meinen Bruder unten erblickte, hob ich den Molch in die Höhe. Ich kitzelte das kleine Tierchen am Bauch und lachte. Blitzschnell war mein Bruder wieder oben. Er setze den Molch wieder ins Wasser zurück. Na ,was dann geschah, könnt Ihr euch ja vorstellen.

Mein Bruder war ein Bücherwurm. Er las in Brehms Tierleben stundenlang. Dabei lag er auf unserem einzigen Teppich. Ich hasste das. Er war so still, war ja klar. Action wollte ich. Also ging ich an ihm vorbei und stiess ihn am Fuss an. Er brummte etwas Undefinierbares. Ich spielte das Spielchen so lange, bis er endlich aufstand um mir eine zu knallen. Doch ich war schneller, raste die steile Treppe hinunter.

Unten auf dem Hof stand Heinzi, der ca 13 Jahre alte Sohn der Hauswirtin. Heinzi war ihr einziges Kind. Also der absolute Liebling. Wie seine Mutter war er fettgefuttert. Als ich ihn sah, meinte ich: Na Heinzi... Ich liebte sein Hääh. Hääh, war seine Antwort auf meinen vermeintlich netten Gruß. Dabei guckte er runter zu mir. Einen kleinen Hüpfer machte ich... Rumms, hatte er eine sitzen. Bis er kapierte, was geschehen war, sprintete ich mit meinen kurzen Beinchen die steile Treppe hoch.

Wenn meine Mutter mein Treppengeklapper hörte, ahnte sie Schlechtes. Heinzis Mutter gehörte dieses Haus. Und immer wenn ich ihrem Heinzilein eine geknallt hatte, rächte sie sich. Sie stellte das Wasser ab, manchmal für ein paar Tage.

So 20 Jahre später zog es mich wieder nach Metzingen. Den ersten Menschen, den ich entdeckte, war Heinzilein. Heinzilein stand vor dem Haus... Ich dachte: Na, Heinzi...

Eines Tages kamen Zirkusleute nach Metzingen. Endlich mal etwas Neues, dachte ich. Diese Typen interessierten mich. Sie gingen von Haus zu Haus und erbaten Lebensmittel. Hierfür wollten sie am folgenden Tag eine Vorstellung geben. Sie bauten ihr kleines Zelt auf. Wir Kinder freuten uns schon sehr. Mich interessierten diese so anders aussehenden Menschen sehr. So lungerte ich den ganzen Tag zwischen ihnen umher. Sie sahen so aus wie ich, schwarze zerzauste Locken, gelbliche Haut. Eben anders als die Dorfleute. Unbekannte und Unbekanntes fand ich schon damals spannend. Fremde und Fremdes zog mich magnetisch an. Am nächsten Morgen war das Zelt weg. Die Zirkusleute hatten es in der Nacht abgebaut und waren verschwunden. Wie war ich doch enttäuscht! Später erzählte meine Mutter, sie habe Angst verspürt: Vielleicht hätten die Zirkusleute mich mitnehmen wollen.

In Metzingen hatte niemand ein Auto. Der Eismann hatte ein umgebautes Fahrrad. Das kannten wir Kinder ja schon. Immer, wenn wir sein Klingeln hörten, bettelten wir um einen Groschen. Vanille- und Schokoladeneis gab es. Von jeder Sorte eine Kugel. Was waren wir glücklich!

Meinen ersten Unfall hatte ich mit vier Jahren. Im Dorf stand ein altes verrostetes Herrenfahrrad. Mit diesem fuhr ich. Schräg unter der Stange hindurch. Ich war der glücklichste kleine Mensch auf Erden. Bis heute ist Radfahren eine meiner Lieblingsbeschäftigungen. Es ging auch gut. Es ging solange gut, weil mir niemand entgegen kam. Jedoch eines Tages kam mir von weitem eine Frau auf einem Rad entgegen. Das hatte ich noch nie erlebt. Ich wurde unsicher und stürzte. Dabei fiel ich in einen Zaun. Ich verletzte mich im Gesicht. War es der rostige alte Stacheldrahtzaun, an welchem ich mich verletzte ? War es rostige Hebel der verrosteten Klingel? Wir wussten es nicht. Die Frau hob mich auf und brachte mich zu meiner Mutter. Noch jahrelang später erzählte meine Mutter mit schmerzvoller Stimme, wie sehr sie erschrak ,als diese Frau mit mir auf dem Arm zu ihr kam. Meine pechschwarzen Haare hingen herunter, mein blutüberströmtes Gesicht. Ihr Herz wäre fast stehengeblieben. Und nun? Jemand lief schnell zum einzigen Telefonbesitzer im Dorf. Er rief den Arzt im Nachbardorf Steinhorst an. Bat um Hilfe... Ich wusste, dass Steinhorst weit weg war von Metzingen. Wie sollte der Arzt verstehen, was man ihm sagte. So weit weg! Meine Fantasie wurde hier lebendig, kam mir zu Hilfe. Ich stellte mir vor, das Telefon wäre ein langes Blechrohr, durch das man laut brüllen müsste, es entstünde ein Echo...so müsste der Arzt hören, was man am anderen Ende sagte. Irgendwann trudelte der Arzt an. Ein weiser Arzt! Ich schrie wie am Spieß. Schliesslich musste er mir eine Tetanusspritze geben. Als ich die lange Nadel sah, schrie ich um mein Leben!!! Aber der Arzt erklärte mir, mich überzeugend, immer, die Mutter bekäme die Spritze, wenn ein Kind sich verletze,das Kind müsse nur seinen Hintern frei machen, mehr nicht. Das erschien mir logisch!!! Ich ließ also zu, dass meine Mutter mir den Schlüpfer herunterschob und zack hatte ich die Spritze bekommen.

Ein zweites Mal bewies dieser Arzt Weisheit. Da mein Gesicht von der Nase bis fast zum Ohr aufgerissen war, wollte er es in weiser Voraussicht nicht nähen. Wäre ich dann heute so schön?! Er nahm ein Pflaster und klebte die verletzte Haut an die Nase. So behielt ich nur eine kleine Narbe an der Nase zurück.

Mit vier Jahren wurde ich getauft. Ein Pfarrer kam zu uns. Bei der Zeremonie sollte ich die Taufkerze halten. Ich schrie wie am Spieß. Noch heute mag ich brennende Kerzen nicht. Wie viele liegen ungebraucht im Schrank... Immer wieder schenken mir Leute Kerzen. Wenn sie doch wüssten, ich ziehe Schokolade vor! Im Restaurant ist es zuerst die Kerze, die ich nicht auf dem Tisch haben möchte (auch nicht bei meiner Abschiedstrauerfeier bitte, aber dieses steht ja bereits in den Akten meines Bestattungunternehmens).

Nun fällt mir Roland ein. Splitternackt rannte er fast jeden Abend durch das Dorf. Seine hitzige kleine Oma trabte mit letzter Kraft hinterher. Keine Chance. Roland war schneller. Als auch er außer Puste war, schob er sich durch einen Spalt eines Baumstammes. Dieser gehörte einer über 100 Jahre alten Linde. Diese stand auf einem Berg. Das dachte ich zumindest in meinem Alter. Rolands Oma bettelte und bettelte. Er möge herauskommen. Wie sie ihn immer wieder herauslockte - keine Ahnung.

Komisch und rätselhaft fand ich diese kleine Oma. Wenn ein Pferdewagen vorbeifuhr, rannte sie mit einer Schippe und einem Handfeger aus dem Haus. Warum wohl? Sie sammelte regelmäßig die Pferdeäpfel ein. Dieses verstand ich nicht.

Nun fallen mir die Hocklings ein. Die hatten ganz leckere Bolschen in Gläsern. Und tatsächlich, eines Tages bekam ich Geld geschenkt. Es waren 50 Pfg. Mann, so viel Geld. Also spazierte ich zu Hocklings und kaufte für 50 Pfg Sahnebonbons. Was war ich stolz. Das wurde Dorfgespräch: Wie kann ein Kind für 50 Pfg Sahnebolschen kaufen?

Toll fand ich Eicheln- und Kastaniensammeln. Dafür gab es Geld. Wir Kinder sammelten ganz fleissig. Dann brachten wir die zu den Bauern und bekamen Lohn. Wieviel, keine Ahnung, das habe ich vergessen.

Meine beste Freundin hieß Margitta Schmidt. Wir liebten es um einen Misthaufen zu laufen. Eine jede in eine andere Richtung. Wenn wir einander trafen knallten wir regelmässig mit den Köpfen zusammen. Wir schrien wie am Spieß. Irgendwann hörte eine alte Frau, wahrscheinlich die Bauersfrau, unser Geschrei und kam auf uns zu. Als sie unsere Beule am Kopf sah rannte sie wieder ins Haus. Sie holte zwei Messer, steckte diese in die Erde.

Dann hielt sie uns jeweils das kalte Messer an unsere Beule an der Stirn. Das sollte nun helfen. Aber klüger wurden wir nicht. Am folgenden Tag das gleiche Malheur...

irrtum

verstecke mich hinter Gott,
das ist eine glatte lüge.
bedeutete ja, ich mich selbst betrüge.
nein, so ist dies nicht.
meine art zu denken, zu leben hat ein anderes ge-
wicht.
lebe im gegensatz zu dir die liebe,
verteile weder spitzen, noch hiebe.
gehe aufrecht meinen gang,
schlürfe nicht mich stützend an einer mauer ent-
lang.
habe nicht das geld im sinn,
komme finanziell auch ohne grübeln hin.

nein, meine liebe hier irrst du,
das ist gewiss.
denkst wie all'die anderen,
sage dir: dies ist beschiss!
DU betrügst dich um das wahre leben,
dieses hat dir Gott gegeben.
er versorgt dich mit wein und brot,
holt dich heraus aus jeder not.

man muss sich nicht hinter ihm verstecken,
kann fröhlich wandern auch durch gefährliche
ecken.
ich verstecke mich NICHT hinter ihm,
nein und nochmal nein,
ICH lasse mich von ihm tragen,
ja, das will und muss ich dir heute früh sagen.

platze sonst vor wut,
nun ist sie raus, kriege wieder luft,
wau dies tut mir gut!!

fortwehen

lieb sprechen menschen von dir bei deiner beer-
digung.
staubst schon längst in der urne, so ganz ohne
schwung.

jetzt bist du der liebste, der beste, den es je
gab.
ob du bist ein nordfriese oder ein schwab.

ach, wie warst du doch gut.
hattest immer ganz viel mut.

was du hast nicht alles mutig getan.
hilfsbereit für all die vielen nachbarn.

du wirst all'denen ja so sehr fehlen.
mit dir konnte man stets pferde stehlen.

wie fröhlich war doch dein wesen,
konntest super geschichten vorlesen.

wie hübsch anzuschaun deine locken,
tauschten mit dir so gern deine socken.

mit dir konnte man so richtig hauen
auf die kacke,
man liebte auch von dir jede verrückteste macke.

wie soll das leben nun ohne dich weitergehen???
im nu wird der wind die erinnerung an dich fort-
wehen...

hoffnung

mein glücklicher blick schwebt durch mein küchenfenster.

geschmückt wird das fenster durch eine in der mitte geteilten scheibengardine.

durchgeschnitten hatte ich diese kleine gardine vor ein paar tagen.

wie ein aufgezogener theatervorhang wirkt sie nun auf mich.

zärtlich im wind bewegt sich draußen meine kleine gartenbühne.

knallrote bällchen der verblühten eiderstedter rose leuchten an der rechten seite.

eine einzige hell leuchtende rose steht erst jetzt in weißer blüte.

vielleicht hat sie ja den sommer verschlafen.

vielleicht hat sie etwas besonderes geträumt.

konnte sich von ihrem traum nicht trennen.

versuchte ihn in ihre kleine wirklichkeit mitzunehmen. ob ihr das wohl gelang?

vielleicht wollte sie aber auch ganz besonders von mir beachtet werden.

so wie ich es liebe aufzufallen.

im hintergrund meiner gartenbühne erfreue ich mich an der mattgrünen hecke.

noch weiter hinten an den tänzelnden blättern des tönninger stadtwaldes.

zurück kehrt mein blick zu meiner schnuckeligen

gartenbühne.

meine kleine gartenbank leuchtet in knalligem kräftigem blau.

eingerahmt wird meine gartenbühne an ihrer linken seite von einem schmetterlingsbaum.

seine violetten rispenblüten sind verblüht.

einige schmetterlinge kommen aber dennoch.

sie habe den kleinen baum nicht vergessen.

hatten sie den ganzen sommer so viel freude an ihm.

war er doch auch ihr treffpunkt zu einem schmetterlingplausch.

ich konnte nicht verstehen, was sie einander alles erzählten.

aber ich habe gefühlt, es war etwas wunderschönes.

dieses, mein mitgefühl machte mich so glücklich.

in diesem wunderbaren sommer 2008.

eine einzige noch kräftig lila blühende rispe erblicke ich.

wird sie auch noch von einem herbeiflatternden schmetterlick erblickt werden.

wird sie von diesem besucht werden?

so sehr hoffe ich das...

entscheidung

ein mensch kommt nicht zur ruh
trägt auch des nachts seine schuh'.

gedanken unaufhörlich wandern,
von einer erinnerung zur anderen.

ist dieser eventuell nicht gesund?
quälen ihn herz und auch mund?

wälzt sich deshalb auf dem kissen,
wird gequält von dem ge -wissen?

so wird die nacht früh zum tag,
was noch alles kommen mag?

schuldig sind ja immer die anderen,
gedanken wandern, wandern, wa...

dem menschen mangelt es an liebe.
krank schlagen seele solche hiebe.

empfindet der mensch mangel-flüchtet, rennt.
wahr-e liebe = einzig wirksames medikament.

hier hilft dem menschen zwar der GUTE GOTT,
dieser führt den menschen hin-aus seiner not.

jedoch, und hör' mir nun gut zu:
um zurückzukommen zur ruh':

ent- scheiden musst dich ganz all-ein,
für gewitter oder den sonnenschein.

ent - scheidest dich hier für die liebe, dein glück,
GOTT garantiert: die lebensfreude kommt zu-
rück.

waldtanz

das fenster geöffnet, schlummere am wald

ist immer gemütlich ob sonnig ob kalt

gehöre zu den bäumen fange an zu träumen

warum bist du nicht hier

warum sind du und ich nicht wir

stehe auf schwebe durch meinen wald

das tanzfest beginnt für alle ob jung oder alt

die äste sich wiegen hin und her

ich werde immer leichter – nicht mehr schwer

die blätter tanzen liebevoll mit mir im wind

gehöre zu ihnen bin doch ihr kind

elfen und zwerge gesellen sich hinzu

bald werde ich müde begeb'mich zur ruh'

lege mich wieder hin kann machen was ich will

gehst mir nicht aus meinem sinn...

küsse das bild das dich zeigt

drücke es an mich

getröstet schlafe ich ein

hoffe zu träumen du seist mein...

geheimnis

jeder hat ein wunderbares geheimnis im leben
das muss so sein, wir müssen auch schweben
selbst eine plaudertasche kann hier schweigen
sie weiß dies muss ihr geheimis bleiben
irrt sie würde daran ersticken und platzen
sie schweigt würde sonst ihr geheimnis verpatzen
so schweigt sie happy lächelnd vor sich hin
lächelt weiter schmunzelt – fühlt des lebens sinn
Gott schuf uns alle – wir glücklich sind
ich wünsche dir, du ein geheimnis find...

der abschied

frau verabschiedete sich: auf wiedersehen frau gran

dies war ironie – hörte sich nicht nur so an

verabscheue ironie – schon immer – ironie erzeugt schmerz

traf mich somit voll in mein naives – stets ehrliches herz

à Dieu werden wir einander wiedersehen

unsere erdenfreundschaft ist hiermit beendet du wirst es sehen

les jeux sont faits

das spiel ist aus

nie mehr betrete ich dein haus.

tschüss

patziger abschiedsgruß:

sie verlassen muss

bin zu ihr gerannt

hab´ sie nie gekannt

betrete nicht ihr haus

ist aus

empfinde nichts für sie

kannte sie ja nie

patziger abschiedsgruß.

sie verlassen muss

hierarchie

statt liebe lebt die hierarchie

ahnungslos – wusste dies nie

irrte jene familie regierte die liebe

hierarchie verteilt einzig allein hiebe

positiv naiv bin von natur

irrte hier herrschte die liebe nur

nun steh´ich hier – also ungeliebt

gefühle für mich – alle durchgesiebt

elendig arm ist die sogenannte famili e

neue mitglieder – geht gaahnich – geht nie

also werd'ich weiter rücken

finde menschen mich entzücken

unwichtig ob man verwandt

einzig die liebe gilt

alles andere

Schmach und Schand...

drücken

7 tage wart´ ich schon,

oder sind es jahre?

gedanken gehen ein und aus

ich mich um sie schare

mal fröhlich, schön

kommen gehn.

bist du der mit mir stehenbleibt,

deine zeit mit meiner teilt?

sicher bin ich mir nie, also nicht

du bist leicht hast kein gewicht

7 tage 7 jahre sind es her,

drücken drücken schwer so schwer...

gefühle

kommen, gehen
kannst nicht sehen
nicht anfassen
gehen lassen
zaubern glücklich dich,
sprichst:
ich fühle mich.
wie? frag'ich dich.
weiß nicht.
verstehst mich?
selbstverständlich.

Gute Reise

teilten weder Haus noch Räume,
träumten nie die gleichen Träume.
stammten aus unterschiedlichen Kulturen.
tickten nicht nach denselben Uhren.
erlebten selten gemeinsames Verweilen.
lernten nicht Erlebtes teilen.
dennoch mein verheirateter Freund,
warst verheiratet mit mir
hierfür danke ich Dir.
flüstere sanft und leise:
„Wünsche Dir eine gute Reise.
À Dieu sehen wir einander wieder.
Gemeinsam singen wir dieselben Lieder."

plus oder minus = unsere entscheidung

negatives kommt angeflogen,
von deiner seele aufgesogen.
es verweilt eine gewisse zeit,
bleibt dort nicht in ewigkeit.
nein, es will wieder fort.
wohin, an welchen ort?

es will an die stelle deines körpers,
diejenige am schwächsten ist.
hier sich der negative gedanke
erst einmal tüchtig satt, ja vollfrisst.
es frisst ein schmerzhaftes loch,
wächst und wächst zu DEINEM JOCH.

allein hier hilft dein positives denken,
nur solches kann dir heilung schenken.
bin ein ehrlicher mensch, glaub'dies mir:
keine pille der welt kann helfen dir.
alle ärzte werden dich belügen,
wollen nur dein geld, also betrügen.

ich wiederhole deutlich und auch klar,
erlebte es selbst, es meine erfahrung ist und
war:
positives denken verwandelt minus in plus,
dein positiver wille allein hinzukommen muss.
dieser mix jagt all'deine beschwerden hinaus,
lebst wieder fröhlich – schmerzlos in deinem
haus.

die quelle

dubistmeinequelle

ausihrsprudelteinepositivewelle

dieseschwapptübermich

gurgeltdeutlichichliebedich

lauscheihrenwortenmitandacht

fühlespürelebewassieausmirmacht

einefrauvergessenhattewasliebeist

spüreneuichbindubist

wünschehoffeträume

gefühlesindeskeineschäume

bittequellesprudleweiter

ohneendediesehimmelsleiter

auweia

ahntedochwusstegenauesnie

inderfamiliegibteseinehierarchie

ganzuntenaufderleiterstehn

meinenkelundichdakannmanmalsehn

machtunsnichtsaus

bleibenviellieberzuhaus

duwehrstdichbrüllstesäwäreeinereinefamilienfeier

würdesiemitunsunreinwiefauleeier

duhattestdochschmerzen

warstoperiertandeinemherzen

wirwolltendichnurfahren

unsnichtumdeineallerheiligenscharen,

esstinktbiszumhimmeldiealteleier

armesdeutschland

auweiaauwei

tür

schließdeinetürnichtzu

irrstbekämstruh

schließtdudichein

wirsteinsamsein

stehedraußen

bleibeaußen

warstmeinschatz

fürmichkeinplatz

irrstichseiinnot

habdenliebenGott

lässtmichnieimregenstehn

schicktmirstrahlenvondersonne

wärmenmichmitwonne

schließdeinetürnichtzu

irrstbekämstruh.

textmix

verankert in den köpfen,

geld wollen alle, nur nicht aus eigenen töpfen.

schreien laut:hilf mir vater staat,

dieser ja am meisten hat.

sicht-weise

gegenständliches verbaut die sicht auf wesentliches

die sicht auf gegenständliches verbaut die sicht auf wesentliches

die sicht auf wesentliches verbaut die sicht auf gegenständliches

viel wenig macht großes viel

ich möchte in meinem gegenüber ein schönes gefühl verursachen

die russische bejahung = verzeihen

es geht nach rang

na gott sei dank

dass wir ganz unten stehn

haben null bock nach oben zu gehn

frei

allmählich, guter GOTT komm ich zur ruh,
nun in der stille, hör' ich dir zu.
nach und nach beruhige ich mich,
will nur noch hören auf Dein Wort, auf Dich.

fühle: dein frieden kehrt zurück in mein herz,
schwächer und schwächer quält mich der
schmerz.
war gefangen in weltlicher wut,
bin wieder auf himmlischem weg, es geht mir gut.

war tieftraurig, getäuscht, wütend, von sinnen,
konnte grausames beginnen,
dachte sogar an mord,
atme nun ruhig, weile wieder an GOTTES ort.

in mir nimmt allmählich platz mein göttlicher
frieden,
ist von hass, verachtung, allem schlechten ge-
schieden.
langsam, langsam, löse ich mich von dieser welt,
hänge mich wieder an DICH, was mir gefällt.

DANKE, ich fühle mich nun wieder FREI,
mit DIR oh großer GOTT bin ich glücklich,
was gedacht- was gesprochen ist mir nun einerlei.

on/off

dielaternezucktdielaternemuckt

wiekanndassein

hatwederhandnochbein

nunfälltstmirein

musseindefekt

einestromunterbrechungsein

malbinichonmaloffimlichterschein

gedanken

1. ja, sagte mein gefühl, ging unter im gewühl.

2. gefühl und verstand gehen selten hand in hand.

3. wie viel getan ohne gefühl und verstand, welch eine schand.

4. ist eine schand´, hass geht durchs land.

5. mein verstand ist da, wo einst mein gefühl war.

6. gefühl, wo bist du, verstand sag'es mir ab und zu.

danke

ich überlege , gibt es grund dir zu danken?

ja, bei dir kann ich selbstvertrauen tanken.

selbstbewusstsein hatte ich genug,

dumm bin ich nicht, also klug.

selbstbewusstsein fehlte mir,

unbewusst schenktest du es mir.

du vertrautest mir,

dafür danke ich dir.

hieraus schöpfte ich vertrauen in mich,

offengestanden: auch hierfür liebe ich dich.

die kraft der liebe

du solltest daran denken:
Gottes Liebe ist kein kredit,
ER will dir alles schenken.

die kraft der liebe

hab'die kraft der liebe entdeckt.
sie hat mich aufgeweckt.
kann wieder sehen.
kann wieder gehen.
kann wieder leben.
kann wieder schweben.
mir wachsen flügel.
fliege über hügel.
damit ihr es alle wisst:
die liebe hat mich wachgeküsst.

tagebuch

liebes tagebuch:
heute fühle ich mich so verlorn,
als wär ich allein in dieser welt geborn.
wie üblich verlief der tag,
schreiben, dekorieren, alles ich so gerne mag.
meine große liebe war bei mir,
dennoch : meine slawische seele,
meine melancholie sind heute wir.
nichts mehr kann ich erzählen heute dir.

der seelenmanager

es nicht verhehle, du bist manager meiner seele.

irrst ich diese zeilen hexte, irgendeiner mir sendet diese texte.

nicht denke ich nach sehr lange, nicht nach den texten ich bange.

meine texte besuchen mich, wenn ich denke an dich.

meine liebe die deinige findet, aller trübsinn von mir schwindet.

wunder-voll ist es immer wieder, unsere seelen singen gemeinsam

liebeslieder. einsamkeit ist ein verkleideter tod.

der tod ,verkleidet im gewand der einsamkeit, klopft an deine tür.

„bereite dich vor, den letzten weg gehst du allein"

habe ich den mut mich der einsamkeit zu stellen?

falls ja, packt sie ihre wundervollen geschenke aus:

leuchtende ideen, ermutigende küsse, die kraft der liebe.

rückblick

mancher hoffte, ich würde stolpern.

Gott bewahrte mich, es war nur leichtes holpern.

hatte stets genug zu essen und zu trinken,

sonnenstrahlen mir stets zuwinkten.

hatte stets genügend arbeit,

für meinen jungen ausreichend zeit.

es gab niemals anlass zu versauern,

obst und schokolade brachten meine schüler, kinder von den bauern.

wir hatten stets ein gutes leben auf eiderstedt,

zurückhaltende menschen,waren hilfsbereit und nett.

vergangen ist nun ein vierteljahrhundert,

wo blieb die zeit, mich heute wundert:

die gute zeit ist immer noch da,

fühle mich zuhause,

schön ist es hier und dies schon 25 jahr.

der seelenschlüssel

deine nähe ich so spür'.

als wärst du noch bei mir.

zu dir finde ich den weg:

meine hand auf mein tagebüchlein leg.

in dieses schreibe ich hier,

wenn in gedanken ich bin bei dir,

meine sehnsucht mich plagt und quält,

ihm von meiner liebe zu dir erzählt.

schaue mein foto von dir an -

küsse es, frage mich:

küsste ich so oft jemals einen mann?

wüsstest du, wie sehr ich dich liebe,

dich diese sicherlich zu mir triebe.

mit meiner ungestillten sehnsucht schlafe ich ein,

träume, du wirst wieder bei mir sein,

ich von dir deinen seelenschlüsel stehle,

schließe auf die tür zu deiner seele.

was ich erblicke geht nur mich allein etwas an:

„ich empfinde dich als meinen ..."

zurück

du bist nicht mehr da,

nichts ist wie es war.

du bist nicht mehr hier,

ich leide, glaub´ es mir.

wo bist du?

antworte bitte im nu.

verkomme im haus,

hilf mir, noch ist es nicht aus.

du musst es wissen,

ich taste nach deinem kissen.

bin vor sehnsucht blind,

komm'zurück geschwind.

größte liebe

bin wach, denk'an dich.

du auch, denkst an mich.

niemand liebt dich wie ich.

jedoch, mir fällt jemand ein.

der, dessen du bist SEIN.

gefühl und verstand

1. mein verstand sagt ja,
mein gefühl ist nicht da.

2. mein gefühl sagt ja,
mein verstand ist nicht da.

3. mein verstand hat vergeben,
mein gefühl ist dagegen.

4. mein gefühl hat vergeben,
mein verstand war dagegen.

5. mein verstand hat vergeben,
mein gefühl wehrte sich dagegen.

6. mein gefühl hat vergeben,
mein verstand wehrte sich dagegen.

7. mein verstand nein sagte,
mein gefühl es dennoch wagte.

8. verstand und gefühl überlappen selten,
verstand und gefühl trennen welten.

9. mein verstand tendiert zu nein,
mein gefühl protestiert :wie kann das sein?

10. mein verstand sagte nein,
mein gefühl nannte dies schein.

verstand und gefühle sind sich einig:
welch'ein glück.

verschwände eins von beiden, kehrt es niemals
zurück.

4 türen

dein herz hat vier türen.

du kannst sie nicht spüren.

eine kammer, überfüllt von sorgen,

zerbricht ihre tür, nicht heute – morgen.

steht sie offen, die tür zum herzen,

hinaus fliegt der müll, macht schmerzen.

verpesten die luft sehr,

stinken immer mehr.

erwachsen wird die not, du gehst tot.

was ist die moral von der geschicht'?

sprich'dich aus, müll sammle nicht.

sammle liebe, verteilt nie hiebe.

lebe die liebe, glaub´es mir,

zerstört nie eine kammertür.

hält lebenszeit,

in ewigkeit.

mit liebe lebst du wundervoll auf erden.

lächelnd, frei, ohne beschwerden.

geschrieben für Dich von gabriele gran,

ihre liebe für dich siehst du ihr an.

wunschwelt

man sagt,

träume seien schäume,

also unwahr, realistisch nicht da.

dennoch liebe ich sie,

meine träume vom tage.

ich steige in meine traumkutsche, täglich es wage.

sie transportieren mich dorthin,

wo es mir so gut gefällt,

sie begleiten mich in meine wunschwelt.

wie es in dieser zugeht, möchtest du hören,

lausche mir, unterbrich´ mich nicht,

es würde mich stören.

in meinen tagträumen friere ich nie,

mir ist stets kuschelig warm.

ein ganz bestimmter mann hält mich in seinem arm.

vielleicht könnte mein tagtraum

auch noch mein nachttraum werden,

dies ist mein geheimer wunsch auf erden.

fallen

abgefallen sind mitgeschleppte sachen.

über sie kann der mensch nur lachen.

es ist also überhaupt nicht schlimm,

fallen des menschen alte kamellen hin.

steht er wieder auf,

ist er leichter drauf.

sein leben gefällt,

erlebt positiv seine welt.

an der neuen findet er gefallen,

sein lachen tut lauter schallen.

neues leben ist angekommen.

fühlt vor glück sich benommen.

und die moral hat welchen sinn?

hab'keine angst, fällst du mal hin.

verheirateter freund

sie hat einen verheirateten freund,

vor glück + freude sie überschäumt.

viele bewundern sie nun deswegen,

lässt sie noch viel glücklicher leben.

warum sie doppelt glücklich ist, sag'?

ist ihr doppelleben denn keine plag?

wieso sprichst du von doppelleben?

sie ist verheiratet und er auch,

das passt doch gut, moderner brauch.

außerdem siehst du die beiden,

immer lachen, niemals leiden.

sie selbst verheiratet ist mit diesem freund,

daher ihr glück nun doppelt schäumt!

entschädigung

entschädigt in der gegenwart

befreit von allem mir so schadt.

vernichtet ist aller schaden,

kann mich an der gegenwart laben.

die wollten mir alles zerstören,

sind die nicht auf Gott wollten hören.

müssen tragen nun mein leid,

nämlich dies aus alter zeit,

jedoch ich, ich bin befreit!

freiheit

durchhalten der einsamkeit:

ist freiheit.

nicht zwang in dasselbe haus zu gehn.

nicht zwang sich im selben spiegel zu sehn.

nicht zwang im selben zimmer zu verweilen.

nicht zwang dasselbe bett zu teilen.

nicht zwang sich miteinander zu langweilen.

durchhalten der einsamkeit:

ist freiheit.

blind

manche irren, sie seien sehend,

laufend und auch gehend.

in wirklichkeit sind sie blind,

wie ein ungeboren kind.

auch du irrst mein leben zu sehen,

ich würde mit dir gehen.

nimmst nichts wahr,

obwohl klar.

bist blind

wie ein ungeboren kind.

war am anfang qual,

heute ganz egal,

trotz unterschiedlicher richtung

voller schwung,

verliebt in Gott=bedingung.

bruder

waren wir uns nicht einig vor einer ewigkeit,

mit uns spiele sie keine rolle: die zeit?

jedoch beobachte ich schon lange bei dir,

du hetzt dich ununterbrochen, glaub´ es mir.

behauptest, meine geduld sei grenzenlos.

frage dich, wo ist die deinige bloß?

du selbst stellst dich unter druck bei deiner arbeit.

eine lüge also, keine hauptrolle spiele die zeit.

unbewusst geht es wohl um respekt deiner kollegen?

erwartest du anerkennung = segen?

um zum textanfang zurückzukommen:

zeit sei für dich unwichtig, scheint wohl weggeschwommen.

meine geduld ist durchaus nicht grenzenlos.

jedoch, noch einmal, wo ist die deinige bloß?

geschwister sind geduld+zeit.

sei du ihnen ein bruder, das wünsch' ich dir heut.

streng

sei zu dir nicht zu streng

schnür deinen anspruch an dich nicht so eng

könntest vor luftnot platzen

dir manche chance verpatzen

nimm dir genügend von der zeit davon gibt es genug

hetzen eilen stressen ist selbstbetrug

GOTT schuf die zeit

gesprochen hat er nie von eile

bleib geduldig heute morgen eine unendliche weile

briefkasten

einst er ihr schrieb das sei ganz lieb

wenn er dies doch viel öfter schrieb

er hat wohl ein problem mit der zeit

eine männliche krankheit weit + breit

wie viele liebesbriefe schrieb frau im leben

männer sollten dieses ziel auch anstreben

hier kommt frau doch noch einer in den sinn

jeden tag war von diesem ein liebesbrief im post-
kasten drin

damals war sie jung heute nur noch schön

ihr postkasten würde so gerne einen liebesbrief
sehn

oma würde diesen auch können ganz laut vorlesen

opa kann nicht mehr hören tut den ganzen tag auf
dem sofa dösen

trottel

ist doch klar lange wusste ich es schon

ich mich verliebe transportiere mich in illusion

ist doch klar weiss ich schon lange

in meiner illusion ich mich verfange

illusion sei der gegensatz von realität

zeig mir bitte in welchem buch dies steht

hör zu wer keine illusionen lebt der nur dahin-
trottet niemals schwebt

um noch deutlicher zu werden

so ein typ ist ein trottel auf erden

denn der trottet nur so dahin

dies ist doch nicht des lebens sinn

prägnanter ausgedrückt

einen trottel niemals liebe schmückt

misthaufen

schweigen ist gold

viel reden ist blech

sei nicht so frech

beim reden wird alles klar

wie es ist und wie es war

schweigst du sehr lange

wird dir bald bange

immer höher wächst dein misthaufen

du erstickst kannst kaum noch schnaufen

du stinkst immer mehr

dir zu helfen nun sehr schwer

ich sag dir heute und auch morgen

willst du haben keine sorgen

sprich dich aus

bist wieder DU in deinem haus

lächelcreme

fang sofort mit ihr an

sei du dein steuermann

gib du die richtung an

steure deine gefühle

setz diese auf neue stühle

bald bekommst du ein schöneres gesicht

du glaubst mir dies etwa nicht

probiers doch aus

bevor du verlässt dein haus

in deinen spiegel lächelnd schau

bist bald ein schönerer mann

lass deinen spiegel nicht in ruh

lächle lächle ihm immer wieder zu

geh immer wieder zu ihm hin

lächle lächle dies macht sinn

willst du im spiegel eine schönheit sehn

dann lächle immer weiter lächle

keine hautcreme der welt macht dich jemals so schön

behindert

mich behindert meine sehnsucht nach dir.

ich weiß, du kannst sie nicht erfüllen mir.

sie behindert mein glück, glücklich zu sein.

warum, frage ich das leben, bist du nicht mein?

wieso gehörst du nicht zu mir.

wieso gehöre ich nicht zu dir?

solche fragen sind wunden, noch offen.

kann ich, also mein sein, auf änderung hoffen?

Gott allein kennt meine pein,

lässt mich ganz sicher im leiden nicht allein.

er sendet mir täglich genügend kraft,

mein herz meine sehnsucht zu tragen schafft.

ich möchte weitergehen auf diesem pfad,

ist dies weiterhin gut, oder schad...

die tür deiner seele

danach habe ich mich gesehnt,

die tür deiner seele, nur angelehnt.

einen spalt steht sie offen,

nun kann ich hoffen,

immer tiefer schaue ich hinein,

bekomme antworten über dein sein.

wirst du eines tages mein?

viele fragen sind noch offen,

dennoch will ich weiter hoffen,

wird eines tages aus dir+mir= wir?

verliebt

verliebte gefühle sind das schönste auf der welt,

plötzlich kamen sie zu mir, hatte sie nicht be-
stellt.

schon so lange habe ich dich nicht gesehn,

langsam wird mein verliebtsein unangenehm.

mich quälen meine sehnsuchtsgedanken an dich.

warum sendest du keinen lieben gruß an mich?

ich weiß, deine viele arbeit schränkt deine zeit
ein,

außerdem, du gehörst nicht mir, bist nicht mein.

postpaket

wären gefühle ein postpaket,

schickt ich es zurück, kein rücksendegrund darauf geschrieben steht.

befreit wäre ich von unerfüllter liebeslast,

vielleicht du nichts dagegen hast.

nein, nein, ich will solche gedanken lieber doch nicht haben,

mich noch ein weilchen am verliebtsein laben.

vielleicht kommt ja heute ein gruß von dir.

nichts auf der welt wünsch ich sonst noch mir.

mein name

so viel erzähle ich dir von mir

warum erzählst du mir nichts von dir

so viel sage ich über mich

warum sagst du nichts über dich

so viel frage ich dich

warum fragst du selten etwas mich

warum geizt du so mit worten

du erlebst doch auch etwas an allerlei orten

etwas musst du doch denken

wenigstens einen stillen gedanken könntest du
mir schenken

was soll nur aus uns beiden werden

hier unten auf GOTTe s schöner erden

du schweigst bis zu deinem tod

bringst uns auf diese weise beide in not

sprich bitte ein einziges mal aus meinem namen

amen

wo?

der eine wollte mir nichts abgeben

von dem wir erarbeiteten im leben.

der andere wollte mir alles stehlen,

konnte es vor Gott nicht verhehlen.

der eine mit allem so sehr geizte,

auch bei minus vor geiz nicht heizte.

der andere wollte nichts mit mir teilen,

der eine ist wo ? mit dem ich könnte...

den rest meines lebens verweilen?

gemeinsam

wir haben nichts gemein sam,

daher ist jeder von uns ein sam.

es gibt ein zig dich,

es gibt ein zig mich.

es ist nicht allerlei,

zum glück gehören 2,

gehören, hören,

einer hört dem anderen zu,

wie bei einem paar schuh',

du ziehst doch auch nicht nur einen an,

na dann...

nachtragend

was du heut´ zu mir gesagt, war weder falsch
noch richtig.

eigentlich ist mir das wurscht und gleichzeitig
doch wichtig.

du erzähltest dasselbe lang und breit, und breit
und lang,

schobest mich mal wieder auf die anklagebank.

schade, wir haben vielleicht nur noch wenige le-
benstage,

jedoch es hilft und nützet nichts,wenn ich dir
heut'sage,

warum du immer wieder hevorkramst die alten
kamellen,

hast du denn wirklich nur die alten stories zu
vertellen?

nun gut, was erlebst du in deinen tagen schon
noch.

liegst im bett, sitzt im rollstuhl, das ist dein
joch.

der himmel möge dir verzeihen deine wiederkeh-
renden geschichten,

mir hängen sie zum halse raus, wenn du beginnst
sie zum x-ten male zu berichten,

geduldig höre ich sie mir immer wieder an,

doch wann ist schluss damit, bitte sag´ mir bitte
wann

betonburg

gefangen in der burg der gefühle

keine tür, jedoch viele leere stühle.

laufen gegen mauern aus beton,

erschauern, so war das immer schon.

worte denken, für kurze zeit,

sterben ab- tot bis in alle ewigkeit.

was klingt, ist tötliches schweigen

melodien gespielt auf betongeigen.

der einzig weg hinaus von hier;

beton sprengen, bauen einer tür.

gewinn

du bist mein liebesgewinn.

der gewinn:der mensch ich heute bin.

im gegenwärtigen leben,

bist du mein segen.

sehnsucht nach dir zu spüren,

lässt neues leben führen.

die tage ich verbringe,

Gott zum dank ich lieder singe.

die fügung ist seine entscheidung,

trägt über klippen, schöpft schwung.

gedanken an dich

beflügeln mich.

geliebt

ich fühle mich von dir geliebt,

trotz skepsis, ob es liebe gibt.

umarmst mich, gehst hinaus,

deine wärme löscht nicht aus.

gewärmt bin ich die zeit,

in der du fort bist, weit.

die sonne, sie untergeht,

deine wärme, sie besteht.

frieren, so ist leben?

zittern, so ist beben?

trotz skepsis, ob es liebe gibt,

ich fühle mich von dir geliebt.

versorgt

ich fühle mich sehr gut versorgt,

ein mensch dem man was borgt.

gehst aus meinem zuhause raus,

ein mitleid bleibt zurück im haus.

bleibe hier zurück, so ganz allein,

hoffe auf wärmend sonnenschein.

schreibe vieles während der zeit,

geliebt von Gott in ewigkeit.

versorgt, bin sehr dankbar,

so mein leben nie es war.

dankbar, ehrlich von herzen.

kälte, frost, herzschmerzen.

verliebt

ich dich umarme, darf meine sehnsucht anfassen,

würde dich am liebsten nie mehr loslassen.

deine wärme zu spüren einen einzigen augenblick,

nicht derselbe, der gleiche, kehrt er jemals zurück.

fühlte, mein herz blieb beinahe stehen,

wünschte die welt würde sich nicht weiterdrehen.

was geschähe, mein wunsch würde in erfüllung gehen...

Liebe

Als du mich umarmtest,

hab' ich die ganze Welt vergessen.

Als du mich umarmtest,

hab'ich die ganze Welt besessen.

Ein Widerspruch?

Ich bin, du bist...

Auf keinen Fall!

Liebe nie logisch ist!

Kuss

Wie ein Schmetterling hab' ich ihn heut' geküsst.

Hiernach schwebte ich zu meinem großen Spiegel.

Leise fragte ich diesen, ob er meinen Namen
wüsst'.

Jedoch mein Spiegelbild leuchtete, ja blendete
so sehr,

antwortete mir, es wüsst noch nicht einmal, wer
ich wär'.

Es flüsterte mir liebevoll zu zu meinem zarten
Glück:

„Wenn derjenige, den Du hast heut' geküsst,

DICH eines Tages küsst, Dein Name kommt zu-
rück."

Ich also dann meinen Namen wieder wüsst.

bild

male ein bild -

schutzschild?

jeder augenblick dieser zeit

leben gegen wirklichkeit?

zeit in diesen tagen

realität nicht vertragen?

zeit in diesen tagen

nicht verzagen.

tage, nächte dieser zeit

wehren sich gegen gegebenheit.

scheu,

wirklichkeitsuntreu?

kämpfen gegen veränderung,

fehlt der schwung.

fehlt der mut.

vielleicht gut?

belüge mich?

belügst dich?

diese fragen wegjagen.

besser totschlagen.

kehren zurück?

bedrohen glück?

die meisten sorgen:

weder heute noch morgen.

die anderen, haut alle ab!

plumpst in euer grab.

lasst mich in ruh'.

heute lebe ich, lebst du.

verliebtsein auf erden:

liebe werden:

ohne beschwerden.

Gott heute und morgen:

wird sorgen:

diese zeit

lebe wirklichkeit!

Für Dich von mir

Die Seele krank, der Körper gestört,

kann nicht sprechen, sich anders wehrt.

Kann nicht laufen, ist schockiert.

Kann nicht gehen, ist blockiert.

Laufen und gehen sind des Lebens A&O,

bringen uns zum Ziel, machen uns froh.

Spüren kann ich Deine Veränderung.

Noch ein wenig Geduld, kommst in Schwung.

Denk'daran, Du bist der Herr im Haus!

Lass' nichts diktieren, gehen bei dir Ein & Aus.

Sie sind Figuren, im Leben voller Plagen,

beherrschen Dich, wollen Du tust, was sie Dir sagen.

Du Dich nicht beherschen lässt, gib hierauf gut Acht!

Du selbst bestimme, was Deine Seele macht!

Bald wirst Du sein beweglich wieder,

wirst singen dem Herrn Loblieder!

Sie heute gehen bei Dir Ein & Aus,

werden nimmer betreten Deine Räume im Haus.

Allein mit Gott wirst Du leben.

Einzig ER allein bringt uns Heil und Segen.

Du wirst tanzen und auch singen,

über Tisch'und Bänke springen.

Feiern dann ein Dankesfest,

Welch ein Leben! Allerbest!

die kleine hand

da ich in Dich verliebt,

das negative ausgesiebt.

gefühle liegen auf der lauer,

bauen eine siebmauer.

da ich in dich verliebt,

das schlechte ausgesiebt,

irre, alles sei sonnenschein,

und auch noch mein.

hätt' dies im leben nie gedacht,

was verliebtsein aus mir macht.

nachdem ich dich hab' nun geküsst,

noch einen kleinen wunsch ich wüsst.

in meinem kleinen liebesland,

träum ich, du hieltest meine hand.

nur einen kleinen augenblick,

verspreche: zöge sie dann gleich zurück.

ob ich es eines tages wage,

dir meine kleine bitte sage?

noch fehlen anschwung und auch mut,

vielleicht gut.

jedoch es weiter so mit mir geht,

dir verrate, wie es um mich steht,

meine sehnsucht platzt hinaus,

plaudere alles aus.

es könnt´ auch sein, dies wünsch ich mir:

geheim sei dies auch ein wunsch von dir.

wen dem so sei oder besser ist,

du also auch in mich verliebt bist,

so nimm einfach meine kleine hand,

gemeinsam schaffen wir alles,

mit liebe und dem rest verstand.

der schleier

erwache lausche der melodie meines lebens

am vorabend meine mühe leider vergebens

sehnsucht nach dir elendig verstopfte ohren

wär allein ich einzig in dieser welt geboren

nicht immer dieselbe nicht die gleichen

jedoch derselbe stellt uns die weichen

könntest du für immer nur bei mir bleiben

müsst ich diese sehnsucht nicht erleiden?

was gäb ich hierfür ach dies keine frage

ich dir jedesmal zeige dir deutlich es sage

du bist und bleibst die liebe meines lebens

bin sicher Gott lässt mich nicht vergebens

eines tages Gott wird mich belohnen

werden wir am selben orte wohnen

teilen dann lieb unser leben miteinander

nicht allein ich ohne dich weiter-wander

geduld ein wenig muss ich aufbringen

zusammen Gott loblieder wir singen

sehnsucht ein schleier legt sich auf mich

hab niemals so gelitten so liebe ich dich

Gott ist es der mich vom schleier befreit

dann wird sie kommen gemeinsame zeit

nie mehr sehnsucht diese grausame qual

Gott allein trifft für uns eine gute wahl...

nie zu spät

im letzten drittel meines lebens

ich nur noch glücklich bin.

alle fragen wären vergebens,

wo die veflossenen jahre hin.

setze bewusst kein fragezeichen,

nur wichtig ist, die schlechten weichen.

verliebt bin ich,

meine lieblingsfarbe rosarot.

hoffe, es ginge so weiter, bis zu meinem tod.

dies wünsche ich mir so sehr,

vergangenes war leidvoll, viel zu schwer.

schiebe sie fort die verlorene zeit.

Es lebe die Liebe in Ewigkeit!

lieb

er schrieb, das sei ganz lieb,

was ich ihm schrieb.

ist doch klar,

ich hab' ihn lieb,

darum ich dies schrieb.

lieb

er schrieb,

fand es lieb,

was ich schrieb,

find'ich lieb.

gut

es ginge ihm wieder gut.

er fühle neuen mut.

er besitze frische kraft.

er alles schafft.

gut

es geht ihm gut.

er fühlt neuen mut.

besitz frische kraft.

er alles schafft.

wer?

wir schaffen alles.

meint er sich und mich?

spricht er im plural zu sich?

wüsste ich dies, ich.

wie gerne würde ich dies wissen.

grüble bis zum kopfkissen.

schluss nun mit diesen gedanken.

grüble noch eine grube,

könnte hineinwanken.

schwung

schwung ist bedingung.

anschwung nimm nun.

verschiebe nichts auf morgen.

gewichtiger werden deine sorgen.

lauf', was deine alten füße hergeben.

anschwung ist dein neues leben.

erholsam

wie erholsam, gefühle vergehen.

würde für immer herumstehen.

gefühle vergehen, die guten, die schlechten,

die falschen, die rechten.

wer weiß, wenn er fühlt,

was falsch, was richtig ist.

leb' so wie es ist: du bist.

Weg

in der 1. lebenshälfte werfen wir unsere gesundheit WEG um viel geld zu verdienen.

in der 2. lebenshälfte suchen wir den WEG unsere gesundheit für viel geld zurückzubekommen.

glück

das ist im leben auch mein glück,

niemals blicke ich bitter zurück.

niemandem trage ich etwas nach,

so wird es des anderen schmach.

geht sein leben dann zu ende,

streck´ zum himmel ich meine hände.

weine um ihn sehr,

Gott tröstet, der abschied schmerzt weniger.

vertraue, einst werden wir beide vereint,

wir klären dann im himmel auf,

hätten auf erden es nicht so gemeint.

das ist im leben auch mein glück,

niemals blicke ich bitter zurück.

STREICHLE DEINE SEELE!

Die Sonne wärmte, bedächtig schritt ich am Meeresrand.

Gesellte sich zu mir ein Weiser aus einem fernen Land.

Lächelte mich liebevoll an, nahm zärtlich meine Hand.

Still ich hielt, was geschehen würde, war gespannt.

Als kannte mich dieser schon eine lange Zeit.

Ja, als kannte ich ihn schon eine Ewigkeit.

Leise und dennoch deutlich betonte er:

„Dich kenne ich sehr gut, Gabriéle.

STREICHLE JEDEN TAG DEINE SEELE!

GOTT schenkt dir täglich ganz viel Liebe.

Mögest abgeben, für Dich genug übrigbliebe.

Da Du dein Nächster bist, denk' zunächst an Dich.

Danach an Deine Mitmenschen, also auch an mich.

Niemals darfst Du vergessen, die Angst, Du hast besessen.

Wenn tückisch Einsamkeit dich quälte; kam zu Dir angekrochen.

Gottes Liebe wäre nicht, Dein Herz wäre restlebens ganz zerbrochen.

ER spricht durch mich, Gabriéle: STREICHLE JEDEN TAG DEINE SEELE!"

Der Weise, sich zu mir gesellte, ebenso er verschwand, zurück in fernes Land.

zerbrechlich

die liebe ist ein zerbrechlich geschenk,

oh mensch, dass du das stets bedenk.

vergiss nie, ob du jung bist oder alt,

sei gut zu ihr, umsorge sie mit sorgfalt.

ohne liebe kannst du nichts gutes tun.

wie sieht die welt aus, schau dich um.

kriege, hass, wut ,wie lange noch ,

dieses joch.

bewusst setze ich kein fragezeichen,

antworten hierauf geben nicht leichen.

eine antwort gib mir du, der noch im leben ist,

Gott gibt dir täglich den segen zum leben,

schiebst ihn täglich fort,

suchst segen an anderem ort.

such'den segen in dir,

gefunden?

erzähl'von ihm dann mir.

ich liebe jede liebesgeschicht'

suche ...

finde heute keine, finde nicht...

doch doch finde gerade eine:

meine!

hängen

hängig

1. anhänglich

2. abhängig

3. anhänger

4. ab gehängt

inspiration

ma source d'inspiration sprudelt ohne ende,

merci ma source vivante, reiche dir meine hände.

bezugnahme zu dir, m'ouvre la porte der lyrik mir,

mein dank und meine liebe sind so ewiglich dir.

Mein Teppich

Mein Teppich ist alt, also nicht mehr neu,

ich mich über diesen täglich so sehr freu'.

Mein Teppich schmückte jahr ein , jahr aus,

das allerkleinste zimmer in meinem haus.

Mein Teppich tat niemals böses oder gar unfug,

dennoch mancher mensch ihn klopfte, schlug.

Mein Teppich lag meistens ruhig, leise und still,

bis er nicht mehr widerspechen konnte: ich will.

Mein Teppich lag friedlich, dann leblos herum,

viele menschen trampelten auf ihm, so dumm.

Mein Teppich bin ich, und warst es auch du,

der mir rief nie nettes, einen kosenamen zu?

Mein Teppich, die farben sind blass, ich gestehe,

diese veränderungen gelasssen ich aber sehe.

Mein Teppich, sein ursprung für immer bleibt.

sein schöpfer sogar lebt bis in alle ewigkeit.

Meinen Teppich, betrachte ich auf frische weise,

kann nur noch lachen, bin happy und selten leise.

Mein Teppich, auf ihn geb ich täglich viel mehr
acht,

schwebend mein gang, ihm keine schmerzen
macht.

Mein Teppich liegt heute im allerschönsten zimmer,

ich über ihn schwebe, dann glitzere ich immer!!!

Mein Teppich, wo genau er heute liegt? ist geheim.

niemand wird ihn je finden, ER GEHÖRT MIR ALLEIN!!!

2017

mit dir feiere ich mein leben.

dieses hat mir Gott gegeben.

ER gab es mir, ER gab es dir.

für all'mein leid entschädigt ER mich.

allein hierfür liebe ich dich.

niemand kann meine gefühle fortjagen.

in gedanken will ich dich auf händen tragen.

dir im geiste ganz nahe sein.

wärmt mich, lässt mich leben:sonnenschein.

ist mein herrlich' glück.

lässt mein leid zurück.

ES fügte uns zusammen,

wie du hast mir geschrieben.

seit dem 17. tag im februar

ich bin und war

verliebt in dich: bei dir geblieben.

verschieben

niemals dein leben verschieb

wärst dein eigener dieb

stähltest dir selbst liebe

gäbst dir selbst hiebe

GOTT schuf dich geliebt du wirst

Gott will du nicht alleine bist

schau dich um dreh dich im kreis

noch kannst dich drehn bist noch kein greis

bleib aber Recht Zeitig stehn

also aufmerksam drehn

sonst kommst du wieder an

wo dein elend begann

dorthin hat GOTT jemanden geschickt

der dich den rest deines lebens beglückt

gib nicht auf

suchen+finden dies ist des lebens lauf

das leben ist für jeden ein auf+ab

bis das leben endet irdisch in seinem grab.

schneller heller

es ist früh, also noch nacht,

gerade bin ich aufgewacht,

meine seele hat laut gelacht,

jubelt happy, an dich gedacht.

mit deiner kontakt aufgenommen,

da noch früh, sieht verschwommen.

nun meine nach der deinen schreit,

leidet sehnsucht, tief wie ewigkeit.

gemeinsames sein, erst tage her,

dennoch leidet schwer, ja mehr.

wären nicht tage, aber jahre her.

wer könnte helfen, sag'mir wer?

nicht von melancholie die rede hier,

trauer, denn die deine ist nicht hier.

also ganz nahe bei ihr und bei mir.

sie und ich leiden, also leiden wir.

sehe, draußen wird es schon heller,

rufe: hallo neuer tag, lauf'schneller!

komm heute eher als sonst hierher,

weil seele und ich leiden so schwer.

bei dunkelheit sieht das leben schattig aus,

das auszuhalten ist ihr und mir ein graus,

sind wir allein und es wird schneller heller,

erkennen wir eher die reste auf dem liebesteller.

trösten einander für verschwendete zeit,

trösten einander für leid in der vergangenheit.

machen uns bewusst, dass nicht viel bleibt.

ich+du und du+ich gleich liebe in ewigkeit?

trösten einander für verschwendete zeit,

trösten einander für leid in der vergangenheit.

machen uns bewusst, dass nicht viel bleibt.

ich+du und du+ich gleich liebe in ewigkeit?

hunger+durst

es wurde ihr alles gebracht,

discounter haben gegen hunger, durst gemacht.

jedoch ihre seele hat weiter gedürstet, ja wäre fast auch verhungert,

hat als letzte rettung auf fremden wegen herumgelungert.

suchte bewusst oder unbewusst, dies sei dahingestellt,

etwas zu essen und zu trinken in GOTTes welt.

sie letztendlich auch leben wollte und auch musste,

sich eines tags sie sich zu helfen wusste.

sie weinte, schrie, fing an zu schreiben,

was sollte ihr sonst wohl übrigbleiben?

ja, sie schrieb und schrieb,

weil ihr nichts anderes übrigblieb!

ihre hände immer müder wurden,

eines tags, es war bei ihren freunden, den kurden:

als GOTT einen boten über den weg ihr sandte,

sie sich an diesen um hilfe wandte.

ihrer seele zu helfen, der himmelsbote willigte ein;

er schreibt nun für sie, Gott allein weiß- wie lange noch- denn der bote ist sein!!!

der eintopf

man muss auch mal mit dem kopf des anderen denken,

auf diese weise ist es einfacher, dem gegenüber toleranz zu schenken.

es ist nicht ratsam, nur auf das eigene rezept zu starren,

bei unterschiedlicher meinung sollte man ruhe bewahren.

man sollte beide ansichten in einen gemeinsamen topf tun,

diese mischung lasse man dann einige tage oder wochen ruhn.

dann sollte man diesen eintopf in ruhe und frieden betrachten,

nicht zu sehr auf die zutaten, sondern auf das endergebnis achten.

hungrig und mit gutem appetit hoffentlich danach schmachten.

vom eintopf sollte ein jeder ein wenig probieren,

den geschmack ein wenig miteinander diskutieren.

beide könnten zusammen ihren eintopf abschmecken,

falls nötig noch ein paar gewürze zum eintopf hinzustecken.

dann könnte jeder von beiden diese köstlichkeit
ein paar mal umrühren,

gemeinsames glück ist dann ganz bestimmt zu
spüren.

alles noch einmal gut vermischen,

topf ,teller und löffel auftischen.

dann löffelt man den eintopf gemeinsam aus .

ein jeder geht hiernach friedlich und glücklich
nach haus!!!

der kreis

man kann sein leben nicht verschieben.
warte nicht, bis nichts mehr übriggeblieben.
was auch immer in deinem leben kommen mag,
lass' dir nichts stehlen, keinen einzigen tag.

stiehlst du dir selbst einen tag der liebe,
gibst du dir selbst schmerzhafte hiebe.
schau dich um, schreite achtsam auf dem kreis,
noch kannst du schreiten, bist noch kein greis.

schreite aber nicht bis dorthin, wo alles begann,
sonst finge auch dein elend von vorne an.
rechtzeitig bleib' auf der kreislinie stehn.
augen auf! du wirst eine neue liebe sehn.

diese hat dir mit sicherheit Gott geschickt,
diese dich den rest deines lebens beglückt.
denk' an meine worte, gib niemals auf:
suchen+finden, dies ist des lebens lauf.

für jeden ist dieses leben ein auf und ein ab,
bis es endet, eines tages, für jeden im grab.
doch bis zu jenem tag, genieße die lieben,
auch du kannst dein leben nicht verschieben!

ich atme ...

du bist schon fort von mir eine lange zeit,

noch immer atme ich deine anwesenheit.

der abschied von dir fiel mir wieder so schwer,

wann kommst du zurück, kommst wieder her?

diese abschiede von dir, hiervor fürchte ich mich,

hab mich fast schon verlaufen, verrannt in dich?

ist mein wohlgefühl abhängig von deiner gegen-
wart?

das wäre schrecklich, für meine seele viel zu
hart.

abschiednehmen, niemand mag dieses gern,

mich tröstet hierbei nur am himmel mein stern.

nur er, dieser mein stern ist jeweils ein trost für
mich,

ob du mich auch so liebst – wie ich dich?

ganz sicher bin ich mir, Gott sieht wie traurig ich
bin,

sicherlich führt er dich wieder zu mir hin.

nicht sicher bin ich jedoch mir,

ob du auch so gerne bist hier.

eines tages werde ich es wagen

dich hiernach zu fragen.

doch, zweifle ich, ob du wirst mir die wahrheit sagen.

ich bete zu Gott jede antwort werde ich ertragen.

in meinem leben gab es schon so viel leid,

wäre so gerne wieder glücklich eine kleine zeit.

wir menschen müssen haben immer wieder viel geduld,

abwägen recht, gerechtigkeit, sühne und schuld.

ich verlasse mich wie immer auf die führung des Herrn,

ER hat mir immer bewiesen, ER hat mich stets gern.

le mur

je suis à la terrasse, vue sur mur.

hier cette vue n'était pas agréable.

je préfère vue sur plage, sur sable.

aujourd'hui, c'est une vue belle pour moi.

est- ce que tu veux savoir : pourqoui?

quelle est la réponse?

un bonheur, nouvelle chance?

die wand

sitze auf der terrasse,

schaue gegen eine wand.

ertrug diesen anblick nie,

wo bin ich, in welchem land?

die antwort kommt,

und das im nu:

ich bin verliebt, trag´ glitzerschuh'.

könnt'man nur immer verliebt sein,

donner & blitz wären sonnenschein.

der heiratsantrag

stellt sich doch glatt ein belgier vor mich hin,

fragt mich recht höflich, ob ich heirat´ihn.

excusez-moi, ce n´est pas possible, non.

seit 18 jahren ich bin verheiratet schon.

ich wäre eine femme, si belle.

nimmt meine hand, und dies so schnell.

grad will ich ihm sagen:

merci als abschiedsgruß,

gibt er mir glatt einen dicken kuss.

staune, was il y a alles auf der welt,

man bekommt immer,

was man niemals hat bestellt.

söckchen+t-shirts

so war das immer,

seine freundinnen riefen: hi,

verschwanden in seinem zimmer.

liebten wie die vögelein,

ob regen oder sonnenschein.

war gezwungen zuzuhören,

ließen sich nicht durch mein nebenan stören.

tschau, riefen sie mir beim abschied zu.

o.k., dachte ich, hab'wieder meine ruh'.

ging dann in sein zimmer gleich,

toll, was bin ich wieder reich:

unterm bett söckchen+t-shirts ich fand,

na und, ist doch keine schand.

nun kommt keine mehr.

hierher.

keine ist mehr da.

längst ist er ja schon papá.

söckchen+t-shirts muss ich mir selber kaufen,

werde gleich zu KIK nun laufen.

kontrolle

mann liebte das gefühl von kontrolle.

ein fehler: derselbe nun von der rolle.

frau prüft nun das portemonnaie,

oh, jé.

er gewöhnt sich gut hieran.

ist doch ein kerl, ein mann.

lächelt, auch wenn jeder € weh tut.

das schmeckt ihr: das geleckte blut.

mann liebte das gefühl von kontrolle.

er dieses gefühl nun zurück wolle.

c'est la vie, nichts bleibt so wie es ist.

mist???

le petit vent – der kleine wind

1. ein neuer morgen,

sitze am frühstückstisch,

fühle mich frisch.

2. mon petit déjeuner:

du pain, quelques fruits,du thé

wie köstlich es war.

3. nun sitze ich auf der terrasse.

monsieur le soleil

ist auch déjà da.

4. dein foto steht wie immer vor mir.

im geist je t'embrasse,

t'envoie küsse dir.

5. vor mir liegt von nancy geary:

mein haus am meer, le roman.

da fasst mich sehnsucht an.

6. ich flüstere dem foto zu:

komm' bitte bald, ja, du.

7. à ce moment, un petit vent

weht das foto von dir zu mir.

8. maintenant,

je suis sûre,

du wärst aussi gerne hier.

gestohlen

von zeit zu zeit schwappt wie eine welle

über mich folgende frage, die ich stelle:

mit dir auf täglich ein zimmer teilen?

müssten darin gleichzeitig verweilen?

sollte ich nach zweisamkeit streben?

würde ich diese schmerzlos überleben?

es hat doch so viele vorteile – so allein:

das glück ist nicht immer hold, zu zwein.

meine bücher liegen und stehen in frieden herum.

sie streiten niemals mit mir, bleiben immer
stumm.

ich bin der boss, bestimme bei tag und auch
nacht.

meine seele antwortet ehrlich, was sie gemacht.

nein, ich will mir keinen ärger in mein zimmer ho-
len:

heute schreibe ich in mein buch: bleib´ mir ge-
stohlen.

zwei seelen

wohnst hier nur,

aber lebst hier nicht.

dein körper wohnt hier,

aber deine seele nicht.

wo ist deine seele, wo?

warum war sie hier nie froh?

jede seele muss ein zuhause haben,

sie muss sich mit ihrem körper vertragen.

deine seele, sie wollte nie mit.

sie lebt woanders, geht dort schritt für schritt.

ich spürte dieses mein ganzes leben,

ich gestehe, das war für uns kein segen.

meine seele jedenfalls litt einsam, so allein,

glücklich sein kann man doch nur zu zwein.

ja, zum glück gehören auf jeden fall immer zwei,

frag'deine seele, ob sie kommt doch noch herbei.

noch haben wir ein wenig lebenszeit, die zeit, die uns bleibt...

zusammen wären unsere seelen dann – wie unsere herzen – zu zweit.

ewige liebe

aus einem meer der heißen tränen

aus kummer und einsamen sehnen

zaubertest du einen fröhlichen bach

ohne trauer und bedrückendem ach

nun sitze ich hier und glaube an dich

hoffe innigst auch du glaubst an mich

wie wohl nun mein leben weitergeht

dies in den sternen am himmel steht

ein zeichen eines tages GOTT mir gibt

DER niemals stirbt, GOTT ewig liebt..

Schachmatt

Wieder aufstehen, keine Lust.

Alles stinkt, alles Frust. Statt essen, Nägel gekaut

Immer statt nach oben nach unten geschaut.

Wollte nicht mehr.

War alles zu schwer.

Lächeln – wozu ? Lasst mich doch alle in Ruh'.

Kann und will nicht mehr.

Gott, falls es dich gibt, hau ab, nein komm doch wieder her.

O. K. Ich geb dir meine Hand.

Bitte führ mich hinaus aus meinem verdammten Land.

Oh Gott, mein Körper und meine Seele spüren,

dass DU es bist, den ich nun mich lass' führen.

Ich gestehe, manchmal zieh' ich meine Hand ganz leicht zurück.

Ich spüre , sofort schwindet mein Glück.

Nein, nein fest drücke ich wieder deine Hand.

Ich spüre, ich gehöre nur dir, geh' mit dir durch dein wunderbares Land.

Oh Gott, ich würde dich gerne immer spüren.

Doch dieser verdammte Teufel, er will mich verführen
Kannst DU ihn nicht wegjagen?

„Nein , mein Kind , das musst DU ihm schon selber sagen !"

Ich spüre dich

Oh Gott, wie oft habe ich deine Hand gespürt.
Du warst es, der mich hatte zum Guten geführt.

Dennoch, ich riss mich wieder los.
Stand wieder da – ganz bloß.

Wie oft habe ich gelitten.
Habe mit dir und meinem Leben gestritten.

Lehnte mich auf.
Zahlte wieder drauf.

Hatte mein Leben wieder satt -
Schachmatt.

Wieder aufstehen, keine Lust.
Alles stinkt, alles Frust.

Statt essen Nägel gekaut.
Immer statt nach oben nach unten geschaut.

Wollte nicht mehr.
War alles zu schwer.

Lächeln – wozu?
Lasst mich doch alle in Ruh'.

Kann und will nicht mehr.
Gott, falls es dich gibt, hau ab, nein komm' doch
wieder her.

O. K. Ich geb' dir meine Hand.
Bitte führ mich hinaus aus meinem verdammten
Land.

Oh Gott, mein Körper und meine Seele spüren,
dass DU es bist, den ich nun mich lass' führen.

Ich gestehe, manchmal zieh' ich meine Hand ganz
leicht zurück.
Ich spüre, sofort schwindet mein Glück.

Nein, nein fest drücke ich wieder deine Hand.
Ich spüre, ich gehöre nur dir, geh'mit dir durch
dein wunderbares Land.

Oh Gott, ich würde dich gerne immer spüren.
Doch dieser verdammte Teufel, er will mich ver-
führen.

Kannst DU ihn nicht wegjagen?
„Nein, mein Kind, das musst DU ihm schon selber
sagen!"

ab-aus grenzen

heiraten gleicht dem ehering: ohne ende: ein bund
fürs leben

ausgrenzen darf es nicht zwischen den eheleuten
geben:

aus sicherheitsgründen sich vom partner abgren-
zen:

diese schulstunde musst du unbedingt schwänzen:

du eine grenze planst, dann setzt:

dein schicksal petzt:

bist bereits allein:

empfindest pein:

dein gegenüber liebt weiter: totenstill:

war dies der plan und auch der will:

lieb e r alles in einen gemeinsamen topf tun:

kannst friedlich schlafen: einst in frieden ruhn...

mein Schatz

Kopf = Verstand ist der Ort

lebe mit dem wort

Buchstaben = Lebewesen

Menschen leben, lesen.

Herz=Gefüh1 erzählt mir täglich:

hat einzigen Platz

für einen, meinen

wert-voll-sten Schatz

hörspiel

alle hörspiele angehört,

ganz in ruhe, ungestört.

hörte zu, stück für stück,

du+ich: stimmlich glück.

stimmen schwingen,

stimmen klingen.

deine erweckt ruh',

meine pfeffert zu.

es wächst die Zusammenarbeit,

unser projekt wird wirklichkeit.

war mein traum lebenslang,

merci bien und vielen dank.

denke dies den kurzen tag:

unser buch gefallen mag.

glück bedeutet happy sein,

fühlt sich an wie sonnenschein.

einen gruß dem lieben Gott,

der uns hilft in aller not,

der uns hierfür fügte zusammen,

wir sagen: 2x danke und 2x amen

schwung

schwung ist bedingung.

anschwung nimm nun.

verschiebe nichts auf morgen.

gewichtiger werden deine sorgen.

lauf`, was deine alten füße hergeben.

anschwung ist dein neues leben.

erholsam

wie erholsam, gefühle vergehen.

würde für immer herumstehen.

gefühle vergehen, die guten, die schlechten,

die falschen, die rechten.

wer weiß, wenn er fühlt,

was falsch, was richtig ist.

leb`so wie du bist.

heute-morgen-übermorgen

heute

stelle ich die frage mir:

was gefällt mir so an dir?

und auch,was stört mich?

nichts, ich bin verliebt in dich.

morgen

werde ich mir die frage stellen,

bestand meine liebe aus schaumwellen?

nur ein kuscheliger traum?

alles süßer schaum?

übermorgen

quäle ich mich, bedenke nichts mehr.

mein leben unendlich schwer.

mag nicht trinken und nicht essen,

hab` ich liebe jemals besessen?

lebenszucker

seabel 11.4.2018 um 11.05 uhr

hast du es schon gewusst?

war es dir schon bewusst?

wir definieren uns über andere.

was diese zu und über uns sagen.

die worte des anderen können uns plagen.

können uns aber auch erfrischen.

hängt davon ab, was sie uns auftischen.

erholsam

wie erholsam

gefühle vergehen,

würde heute noch

weinend auf dem Friedhof stehen.

tantchen

noch heute fühle ich einen tiefen schmerz.

denk` ich an mein tantchen, ein riesenherz.

tantchen lebte wahre, ehrliche liebe,

ihr tod schmerzt mich wie brutale hiebe.

bewacht wurde tantchen von einer zicke.

besuchte ich tantchen, trafen mich böse blicke.

eines tages gab es mein tantchen nicht mehr.

tantchen war tot, ihr häuschen ausgeräumt – leer.

die alte zicke bestimmte den bestattungstermin,

ich musste zur arbeit, konnte nicht zum abschied hin.

wollte so gerne sagen: tschüss tantchen, du mein herz.

ich weine, fühle noch heute meinen abschieds-schmerz.

mein tantchen, in gedanken kuschle ich mich an dich,

bin mir sicher, du fühlst das, denkst im himmel an mich.

tantchen ich weine, wenn auch still, jeden tag um dich,

einst werden wir einander wiedersehen, du und ich.

übereinstimmung

legt lahm negative erinnerung.

ermuntert gegenwart.

schöpft frische art.

lässt vergangenes loß.

stellt hände bloß.

macht heute Frei.

für neues allerlei.

fängt neues an.

...also dann...

gestern + heute

gestern

ich habe es nicht ge wusst

es war mir nicht be wusst.

es war un bewusst.

heute

ich weiß es.

endlich.

weiß ich es?

endlich?

bis zum ende ...

abschiedsschmerz

erst wenige minuten sind es her,

kann mein herz kaum tragen, drückt so schwer:

seit unserem abschied seien jahre vergangen,

es geht dir nicht gut,

ich muss um dich bangen?

öffne mein kammerfenster ,

schaue hoch zu meinem stern,

bitte ihn dir ein zeichen zu geben:

hab`dich zum fressen gern.

da plötzlich, sehe meinen stern nicht mehr hier,

ist ja klar, mein stern bringt meinen gruß zu dir.

danke, du mein kleiner stern:

du bist bei ihm, also nicht so sehr fern.

deine rückkehr dauert eine kleine weile,

du schreibst mir bestimmt auch eine zeile.

wenn du kleiner stern wieder bei mir bist,

werd`ich es an deinem leuchten erkennen , ob es
so ist.

noch immer warte ich an meinem kammerfenster,

da etwas helles, nein leider nur gespenster.

doch nun , nun ist dein leuchten ganz klar:

es sagt mir, dass es so war.

wer liebte dich im leben jemals so wie ich.

liebe dich vielleicht mehr als ich mich.

beruhigt bin ich, werde schlafen gehen,

vielleicht werde ich dich in meinen träumen sehen.

diese hoffnung gibt mir mut und auch kraft,

sagt mir, dass mein herz meine sehnsucht tragen schafft.

ach ja, bevor ich einschlafe möchte ich dir noch etwas sagen,

schlage mein tagebüchlein auf, muss noch etwas hierin eintragen.

betrachte das foto von dir, küsse gutenachtküsschen hierauf.

schließe mein büchlein wieder zu.

der schlaf gibt mir ruh`.

deckt meine sehnsucht bis morgen früh zu.

gefühle

gefühle nicht mitgehen.

bleiben stehen.

was ich sagte.

was ich fragte.

was ich tat.

bleibst hart.

bleiben so es immer war.

ging zu IHM

stellte frage.

SEINE antwort ich dir sage:

ändere DU DICH fortan,

erinnere wie alles begann.

fang DU neues leben an.

neid

blöde weiber,

fettgefressene leiber,

nichts als tratschen,

von haus zu haus latschen,

alles noch schlimmer machen,

unzufrieden erwachen,

lass' die finger von ihnen,

deren zunge sollt man schienen,

sonst sie doch nur weitermotzen,

finde sie zum kotzen.

blöde weiber

fettgefressenen leiber...

unumwunden

gelernt

zugegeben unumwunden,

schreibe = hab`mich wiedergefunden

wurde ja schon längst geboren,

hatte mich jedoch verloren.

suchte hier und auch mal da,

fragte mich, wo ich nun war.

irrte fragend durch mein leben,

das mir einst hat Gott gegeben.

heute weiß ich ganz genau,

wo ich steh`,

wichtiger:

wohin ich geh`.

heimat

du bist meine heimat,

denn du verstehst mich.

als ehemals heimatlose,

liebe ich dich.

nicht jeden tag muss ich dich sehen,

nicht jeden schritt mit dir gehen.

fühle mich weder einsam noch allein.

empfinde dich wärmenden sonnenschein

trage dich stets in meinem herzen,

fühle mich von dir getröstet,

bin ohne schmerzen.

auch wenn du nicht bei mir bist,

meine ständige sehnsucht nach dir:

die liebe meines lebens ist.

mein retter

wären wir zwei doch schon wir beide.

ich meine zusammen, weil ich leide.

bei helligkeit, also bei tageslicht,

mein leiden hat weniger gewicht.

in der nacht drückt es mich schwer:

vermisse unendlich dich, mehr und mehr.

nur meine hand in deiner spüren,

würde mich auch nicht verlieren.

ertrinken würde ich nicht im meer,

Gott , mein retter: nichts ist zu schwer.

nicht vergessen

es dämmert, allmählich wird es nacht, ich bin allein.

klopftest an meine tür, ich öffnete, wir wärn zu zwein

mich an dich schmiegen würde ich,

sanft in dein ohr flüstern: ich liebe dich.

nie wird mein gedanke wirklichkeit werden?

dieser, mein so kleiner wunsch auf erden.

dennoch ich träume diesen weiter,

bis ich werde hinaufsteigen die himmelsleiter.

komm`ich dann oben an und seh`hinunter,

seh`wie du eine andere küsst, ganz munter,

dir gönnen werde ich ihren heißen kuss,

wer ehrlich liebt, der leiden muss.

es könnt` aber sein, noch auf erden küsst du nur mich,

meine hofffnung halt`ich ganz fest, vergiss dies nicht!

schenken

was ich verschenke gehört mir-

erwarte nichts von dir-

gebe es von herzen-

ganz ohne schmerzen-

kann mich trennen-

nicht hinterrennen-

kostet liebe – keine kraft-

wünsche: dies jeder mensch schafft

versorgt

ein mensch versorgt

ein mensch man etwas borgt

allein im haus

kalt-kälter- aus-

weilst fern-

mensch hat dies nicht gern

zahl

25 = nicht silber

50 = nicht gold

liebe = herz

glück = schmerz

liebe = gefühl ohne zeit

liebe = ewigkeit

geliebtgefühl

fühle mich geliebt

eine frau der mann liebe gibt

du aus meinem heim

zurückbleibt sonnenschein

bis du bei mir bist

sonnenschein noch immer ist

in meiner fantasie

wärmst du mich

verlässt mich nie

DU oder Sie?

Du oder Sie? Geben unterschiedlich` Klang

Beim Sie: Unsichtbarer Vorhang.

Bin mir sicher nicht -

lieb ich Du? Ja, oder lieber nicht?

welche Melodie mir besser gefällt?

wie auch immer: Hauptsache in Gottes Welt

süße gefangenschaft

gefangenschaft die – genieße sie

was sie macht – kostet kraft

nicht nur schön – lass' uns gehn

wo – hin – sinn

qual- wahl

be – scheid- mit – leid

pflegt -hegt

herz – schmerz

zerspringt

sinkt...

diktat+traum

gedanke kommt, text wird diktiert,

schnell bleistift her, läuft wie geschmiert.

die brille, wo ist die nun wieder bloß?

nun geht das schreiben endlich loß.

nicht so schnell bitte dieses diktat,

komme kaum mit, fahre doch nicht rad.

das blatt nun voll, einst weiß es war,

alles voller reime, das ist doch klar.

meine gedanken dann zu ende gehn,

erfahrungen auf dem blatt nun stehn.

allmählich müde, gähnend ich nun bin,

leg` mich wieder in meine koje hin.

knips endlich meine lampe aus,

will schlafen, ruhe regiert das haus.

irre, könnt` endlich schlafen ein,

ein neuer gedanke düst herein.

o.k.- licht wieder an, stift wieder her, brille auf

schreib neuen gedanken auf die rückseite drauf.

jetzt aber schluss, weg mit dem blatt,

mein gehirn endlich nun ruhe hat?

welch irrtum, jetzt gehts erst richtig los:

träume, bin so glücklich, glaubt es mir:

von wem? ist doch klar, mein schatz, von dir!

teilen

lass den ver-dienst ruhig verweilen.

wünsche mir etwas mit dir zu teilen.

eine chance=une chance=das ist glück,

peutêtre die träume kommen zurück.

rückkehr

die liebe fort

kehrtjemals zurück

ist dieselbe dasselbe glück

die gleiche

lebhaft wie ne leiche

herztür

solltest dich rühren

öffne deine türen

nein

wirst es bald spüren

sie brechen auf

zerstört deine türen.

Gott gibt zeit

dies zu bedenken

Gott gibt liebe

diese zu verschenken

verharrst du stur

bleiben wenige augen-blicke nur...

es irrt der mensch solang er lebt

hatte mich entliebt in den letzten wochen,

spazierte wieder aufrecht nicht mehr gekrochen.

hatte dich satt, hatte nicht mehr gelitten,

meine seele beruhigte sich, nicht mehr mit der
deinigen gestritten.

ganz normal fühlte ich mich wie die anderen leu-
te,

himmel hilf was ist geschehen am nachmittag mit
mir heute?

du begrüßtest mich ganz einfach nur herzlich,

kuschelte mich kurz an dich, fürchterlich, mein
leben nun wieder

schmerzlich.

himmel hilf das gefühlsgezeter fängt ja schon
wieder an.

bin schon wieder von dir so begeistert, bist eben
ein toller mann.

noch immer spüre ich deine wärme, deine zärt-
lichkeit.

könnt ich doch zaubern, zauberte dich zu mir für
alle ewigkeit!

zeit

zeit ist keine linie mit anfang und ende.

nein, zeit ist ein raum, dieser hat fläche und wän-
de.

ich wandere nicht nur vorwärts bis zum schluss.

zeit ist keine linie, auf der ich langgehen muss.

nein, zeit ist ein raum, durch den ich mit dir spa-
ziere.

ein raum, in dem ich mich mal sicher fühle aber
auch mal verliere.

diesen raum liebe ich, seitdem du begleitest
mich.

eines tages werde ich ein himmlisches zeichen
bekommen, glaub es mir:

es wird sich öffnen die wunderschöne tür.

werde beginnen zu schwächeln, dir schenken mein
allerletztes lächeln.

durch diese tür werde ich alleine schreiten,

du mein wundervoller schatz wirst mich nicht
mehr können begleiten

leise, ganz leise rufe ich dir noch zu:

mon cher, merci beaucoup, merci pour tout...

ganz sanft...die wunderschöne tür geht zu...

Tränendes Herz

17.01.1945 16.30 uhr uchtspringe-stendal

17.01.2020 16.30 uhr kibbutz ein gedi israel

mein 75. geburtstag.

feire ich ihn?

nein, ich weine.

weine, weine und weine.

einsam und verlassen fühle ich mich.

niemanden fühle ich.

auch meinen diamanten nicht.

nenne ihn so, meinen wichtigsten menschen.

irre, könnte diese, mich beklemmende stille nicht
mehr ertragen.

verlasse mein häuschen.

nr. 45

trösten möge mich jemand, bitte.

wer?

niemand und keiner sind zu erblicken.

einzig meine einsamkeit bleibt an meiner seite.

hau ab!!!

jedoch sie begleitet mich weiter.

hängt sich an mich.

klammert sich an mich.

würgt mich.

kriege kaum noch luft.

meine schritte füge ich schneller.

einer vor den anderen.

beginne zu laufen.

jetzt renne ich.

um die wette.

mit wem?

ist doch keiner hier.

doch.

die angst.

es ist nicht meine angst.

sie ge-hört mir nicht.

jedoch höre ich sie.

fühle sie.

zu menschen möchte ich.

wo, wo sind denn welche?

schnappend nach luft erreiche ich das foyer, die rezeption.

bin immer noch in ein gedi, israel.

bin völlig verschwitzt.

der schweiß strömt meinen rücken herunter.

die nette dame an der rezeption weint bei meinem anblick.

der reception manager schaut mich fragend an.

everything o.k.?

no, I would like to book a flight back.

I must go home!

fragend blickt er in mein verheultes gesicht.

but why?

what has happened?

I feel so lonely...

einen rückflug möchte ich buchen.

koste er was er wolle.

ein liebevoll lächelnder herr kommt auf mich zu.

er ist sehr groß, schlank.

trägt einen hellgrauen anzug, ein blütenweisses hemd.

am hals ist es leicht geöffnet.

liebevoll schaut dieser mich an.

die dame und der junge reception manager zeigen

auf diesen herrn.

sie sind überzeugt dieser könne mich trösten.

wir setzen uns zusammen an einen kleinen runden tisch.

er spricht ausgezeichnet englisch.

wie fast alle hier in israel.

mein monolog beginnt.

schütte mein herz aus.

mein tränendes herz .

gegen alle 4 kammertüren drücken meine tränen.

die türen öffnen sich.

alle tränen fließen hinaus.

die türen können sich jetzt wieder schließen.

dem eleganten herrn berichte ich von meinen geburtstagsplänen.

ich wollte extra nach ein gedi kommen.

zu meinem 75. geburtstag.

genau um 16.30 uhr wollte ich fröhlich sein.

mehr nicht.

der nette herr schaut auf seine uhr.

es sei 16.15 uhr.

ob ich einen rotwein mit ihm trinken wolle.

wir könnten dann pünktlich auf mein 3/4 jahrhundert anstossen.

no, thank you, I do not drink any alcohol.

dann vielleicht an ice-cream.

nein , ich esse kein eis.

perhaps a mineral water?.

ja, gerne, das wäre O.K.

aus meinen erzählungen erfährt er, dass ich sehr gerne französisch spreche.

er ruft in der bar an.

wisse er doch, dass dort eine französin arbeitet.

diese kommt sogleich und beginnt einen small talk in französisch.

interessiert wie ich bin, frage ich den netten herrn, ob er auch deutsch spräche?

nein, kein einziges wort.

er verrät mir seinen deutschen vornamen.

seine eltern haben nach dem krieg deutschland verlassen.

seinen mit ihm nach israel gegangen.

verstehe.

aber sein sohn studiere in deutschland.

aufmerksam höre ich ihm zu.

kenne ja solche geschichten.

aber nur aus büchern.

fensehfilmen.

jedoch von einem betroffenen so eine geschichte zu hören ist anders.

ganz anders.

während ich dem netten herrn zuhöre fühle ich etwas.

fühle wie meine ihm erzählte geschichte schrumpft.

so empfinde ich .

fühle meinen herzdruck nicht mehr.

von einsamkeit keine spur.

mein tränendes herz ist nun getrocknet.

der nette herr und ich, wir lächeln einander an.

ich lege meine hände auf seine hände.

shalom!

shalom israel, ich bleibe.

und vielleicht kehre ich noch einmal zurück.

der mensch denkt, GOTT lenkt.

shalom israel!

Dankeschön

Mein herzlicher Dank gilt:

1. Familie Pastor José Gonzalez und der Spanisch-Deutschen Kirchengemeinde Hannover.

Sie nahmen mich liebevoll in ihre Mitte, bis ich wieder selbstständig atmen konnte.

Muchas Gracias.

2. Meinen persönlichen Helden Rüdiger und Annette Nehberg, Gründer der Menschenrechtsorganisation Target e. V. (www.target-nehberg.de).

Ermutigt auf eigene Verantwortung durch die Welt zu reisen wurde ich durch die Bücher:

Yanonámi, Überleben im Urwald.

Survival, Abenteuer vor der Haustür

Danke Rüdiger und Annette!

3. Meiner Freundin Elfi

Elfi sorgte aufopferungsvoll für mich, als alle Menschen mich verließen.

Elfi befreite mich von meinem Irrglauben, ebenso habe mich auch Gott verlassen.

(siehe: Der verlorene Schatz in: „Verliebt in Dich" ISBN:9 783 752 888 058).

Gegen den Widerstand vieler Menschen gab Elfi nie auf, den weiten bergigen Weg zu meiner damaligen Wohnstätte zu gehen.

Elfi brachte mir zu essen und zu trinken.

Elfi pflegte meinen verwahrlosten Körper.

Elfi las in der Bibel, als sie diese um Rat bat: „Du wirst die gesunden Tage des Kranken noch erleben"

Danke Elfi!

4. Meiner Schulfreundin Mareile

70 Jahre Freundschaft!

Trotz unterschiedlicher Kulturen und Temperamente leben Respekt, Höflichkeit und Nächstenliebe stets mit uns.

Wir studierten zusammen in Alfeld und verbrachten fröhliche Ferienwochen in den „colonies de vacances" in Frankreich.

Merci Mareile! Einen lieben Gruß an Deine Eltern, meiner unvergesslichen Tante Ena und Onkel Hans, wie ich sie nennen darf.

5. Meiner Freundin Marion

Drohte meine Seele abzustürzen, verlieh ihr Marion (im Seabel Alhambra liebevoll Marionne genannt) immer wieder Flügel.

Danke Marionne!

6. Abdullah, Can, Ali und Arif im Restaurant „evin" in Tönning

Sie sorgen täglich für mein köstliches Mittagessen.

Spas!

7. Allen im internationalen Feriendorf Seabel Alhambra, 4089 Port El Kantaoui ,Tunesien arbeitenden Menschen.

Liebevoll-tolerant sorgen sie für alle Gäste, die aus der ganzen Welt ihren Urlaub im Seabel verbringen.

Merci beaucoup!

Shukraaan lakum jamieana!

Notiert von Gabriele Gran am 17. Januar 2020 in Ein Gedi, Israel

Wattenklänge III

Im Jahre 1985 erschienen die 'Wattenklänge' des Gitarrenduos Marcator/Mummert (damals noch als Entrance) als ein Kassettenbuch und wurden im regionalen Bereich der Westküste Schleswig-Holsteins und darüber hinaus gut aufgenommen. 2001 nahmen die Mus iker (jetzt als Marcator/Mummert) die Musik als CD unter verbesserten technischen Möglichkeiten neu auf.

Die erste Auflage war schnell vergriffen, derzeit im Download und Streaming Bereich erhältlich. 2003 folgte die CD 'Wattenklänge II, jetzt auf dem PRUDENCE Label. Die meist akustische in-strumentale Musik beschreibt in atmosphäri-schen Bildern Aspekte des Wattenmeeres an der Nordsee.

Nachdem sich Holger Mummert vom Musikmachen zurückgezogen hat, beschloss Marcator 2019 die Wattenklänge Trilogie alleine zu vervollständigen. So wie sich das Leben am Meer im Laufe der Zeit verändert, so auch die musikalischen Einflüsse. Jetzt findet man 'Drachenfliegen', 'Strandsegler', coole Beach Bars, 'Caipiranha', aber auch weiterhin die Schönheit und Mystik des Wattenmeeres in Titeln wie 'Geisterreiter' oder 'Nebel über der Sandbank'. Auch die Symboltiere dieses Biotops werden nicht vergessen in 'Papou der kleine Seehund' und seine Freunde'.

Das Album ist als Download und im Streaming weltweit erhältlich.

Die Musik ist auch als CD zu erwerben (12 €), über marcator2002@yahoo.de (im Internet bei Amazon).

Jüngere Veröffentlichungen von Gabriele Gran

Die Autorin nimmt Dich mit auf ihre Reisen innerhalb Europas und Afrikas. Du fühlst, sie ist „Verliebt in Dich". Unterwegs überreicht sie Dir liebevoll eingepackte Geschenke.

Nach und nach packst Du sie aus. Ihre Geschenke verwandeln sich in leuchtende Diamanten. Sie sind nun Dein Schatz. Du hütest Deinen Schatz. Niemand kann ihn Dir jemals stehlen. Er begleitet Dich jeden Tag, überallhin. Dein Schatz wird Dich trösten, umarmen, küssen.

Paperback, 192 Seiten,
Verlag: Books on Demand
ISBN-13: 9783752888058

Ein liebevoller Briefwechsel zwischen Himmel und Erde. Gott schenkt einer Familie ein Mädchen. Die Familie behält es nicht. Insgeheim leidet die Autorin, nennt das Mädchen Léa, schreibt Briefe zum Himmel. Eines Tages antwortet Léa. Dieser Briefwechsel sollte ein Geheimnis bleiben, daher in Französisch verfasst. Aber der Mensch denkt und Gott lenkt. Dem Original als Faksimile folgt eine handschriftliche Übersetzung ins Deutsche.

Paperback, 120 Seiten,
Verlag: Books on Demand,
ISBN-13: 9783752840674

WIR ERSTELLEN

SICHERE
SCHNELLE
NNOVATIVE
SKALIERBARE

WEBSITES

info@hamburg19.com   www.hamburg19.com

HAMBURG 19

Gabriele Gran
mit Birger Bahlo

Biografie

Ich schreibe auch Ihre Biografie

Jeder

hinterlässt

individuelle

Fußspuren

Lassen Sie uns gemeinsam auf Ihr reiches Leben voller Erfahrungen zurückblicken und nach prägenden Erlebnissen suchen.

Fotos von bedeutsamen Ereignissen oder einfach nur schönen Momenten bereichern Ihre Biografie, die wir mit Ihnen gestalten.

Mich faszinieren die Lebenswege all meiner Mitmenschen. Sie sind es wert, erzählt zu werden. Das ist meine feste Überzeugung, die ich aus meiner 40-jährigen Arbeit als Journalist und meiner Familienforschung ziehe. Was sind Ihre Überzeugungen oder Lebensweisheiten, die Sie nächsten Generationen „vererben" wollen? Die können den krönenden Abschluss jeder Biografie bilden.

Vom ersten Gespräch bis zum fertigen Buch – von mir gibt es alles aus einer Hand

Birger Bahlo, 04884/909819 – 0171/5375518
ihre@biografien.com – www.biografien.com